APLAUSO del CIELO

Max Lucado

BETANIA

Un Sello de Editorial Caribe

Betania es un sello de *Editorial Caribe,*
una división de *Thomas Nelson, Inc.*

© **1996 EDITORIAL CARIBE**
P.O. Box 141000
Nashville, TN 37214-1000, U.S.A.

Título del original en inglés:
The Applause of Heaven
© 1990, 1995 por *Max Lucado*
Publicado por *Word Publishing*

ISBN: 0-88113-418-X

Traductora: *Erma Ducasa*

Impreso en EE. UU.
Printed in U.S.A.

E-mail: caribe@editorialcaribe.com

6th Impresión
www.caribebetania.com

A Stanley Shipp,
mi padre en la fe

CONTENIDO

CONTENIDO

PRÓLOGO

Dios dice todas las palabras grandes en nuestras vidas. Aun así, a menudo las pequeñas son las que hacen cantar a la Palabra Grande. Max Lucado es un raro y acogido talento que está dedicado al Verbo hecho carne, pero también es un cautivante tejedor de pequeñas palabras de tal manera que pueden adornar la Palabra de Dios.

La primera vez que descubrí a Lucado fue cuando tomé al descuido el libro *Con razón lo llaman el Salvador* del estante de una librería. Después de leer su primera línea, quedé atrapado y ya nada ocurrió al descuido. Lucado se ha popularizado por dos motivos: Venera a Cristo y ama el mundo que lo rodea. Este doble amor atrapa nuestras mentes y nos invita a seguirlo de cerca para ver hacia dónde nos conducirán sus párrafos.

Es por amor a su Señor que Max Lucado se aleja del lenguaje enmarañado y desgastado que es tan común en la iglesia. Para Lucado, Jesús no es ningún sustantivo ordinario que se deba teologizar hasta el aburrimiento. Más bien, todas las relaciones santas son gloriosas, y merecen únicamente el mejor y más creativo castellano. De modo que teje como nuevo el santo sudario de Turín, quitando toda duda de que esta espléndida tela haya tocado el cuerpo de nuestro Señor quedando para siempre marcada por la impresión de la reverencia de Lucado. Donde no hay ninguna palabra común que sirva, he aquí el modo que nos propone conocer al Cristo:

«Deleite sagrado deriva de gozo obstinado», dice con regocijo.

«Si usted dispone del tiempo necesario para leer este capítulo, es probable que no necesite hacerlo», les dice a los que piensan que están demasiado ocupados para las disciplinas espirituales.

Y sigue fluyendo su sabiduría: «Muestre a un hombre sus fracasos sin Jesús y el resultado podrá hallarse en las alcantarillas a la vera del camino. Dé a un hombre religión sin recordarle su mugre y el resultado será arrogancia vestida de traje de tres piezas».

Aconseja al arrogante diciéndole que enfrentarse a Cristo se parece a entrar a la iglesia de la natividad: «La puerta es tan baja que no es posible entrar erguido».

Reprende al amargado: «El odio es un perro rabioso que se vuelve contra su propio dueño... La propia palabra rencor empieza con... RRRR... ¡un gruñido!»

Este libro presenta las Bienaventuranzas, que a su vez presentan el Sermón del Monte. Las Bienaventuranzas salen a nuestro encuentro, pero a través de las sencillas metáforas de la vida común. De modo que conocerá a Cristo al mismo tiempo que conoce al *Exxon Valdez* esa oscura noche de marzo de 1989, ocasión en la que derramó su ponzoña cruda en Bligh Reef, Alaska. El Cristo de la comunión se le presentará al conocer a Gayaney Petroysan, una armenia de cuatro años que suplicaba por la sangre de su madre para vivir. Y un sinnúmero de héroes de la Biblia van y vienen en este libro a fin de dar realidad a la introducción del gran Sermón del Monte de Jesús.

Max y yo somos amigos. Es posible que lo haya obligado exageradamente para que fuese mi amigo y debo reconocer que la amistad fue en un principio idea mía. Pero confieso que quería conocer a Cristo del modo que lo conoce Max. Quiero sentir el viento de abril que sopló sobre la cruz como lo siente él. Quiero caer como Tomás ante Cristo y clamar: «¡Mi Señor y mi Dios!», como lo hace él. Necesito que Max me dé lecciones de obediencia y necesidad espiritual.

Lea este libro en un lugar silencioso y tal vez sienta que una mano herida se apoya ligeramente sobre su hombro. No tema ante la cercanía que sentirá con Cristo, más bien siga adelante y recorra sus párrafos. Entonces sabrá por experiencia que Lucado viaja por las tierras altas de la Galilea del corazón.

Calvin Miller

ANTES DE EMPEZAR...

Resultó casi tan difícil dar título a este libro como escribirlo. Recorrimos lista tras lista de posibilidades. Se sugirieron docenas de títulos y docenas se descartaron. Carol Bartley, Dave Moberg, Kip Jordon y otros de Word Publishing pasaron horas buscando la frase adecuada que describiese el sentir del libro.

En mi mente, la balanza se inclinó a favor de *Aplauso del cielo* cuando mi editora, Carol, leyó parte del manuscrito a algunos de los ejecutivos de Word. Leyó una porción del libro que describe nuestro viaje final a la ciudad de Dios. Leyó algunos de los pensamientos que escribí con respecto al anhelo de Dios de tener a sus hijos en casa, acerca de cuánto anhela acogernos y hasta es posible que aplauda cuando entremos por sus puertas.

Después que Carol leyó esta sección, notó que uno de los hombres se secaba una lágrima. Explicó su emoción diciendo: «Me resulta difícil imaginar a Dios aplaudiéndome».

¿Puedes identificarte?

Yo sí. Ciertas cosas acerca de Dios son fáciles de imaginar. Lo veo creando al mundo y suspendiendo las estrellas, me lo imagino fuerte, todopoderoso y en control, y hasta puedo pensar en un Dios que me escucha. ¿Pero un Dios que me ama con locura? ¿Un Dios que me vitorea?

Pero ese es el mensaje de la Biblia. Nuestro Padre persigue sin tregua a sus hijos. Nos ha llamado a casa con su palabra, ha allanado el camino con su sangre y anhela nuestra llegada.

El amor de Dios hacia sus hijos es el mensaje de la Biblia. Y ese es el mensaje de este libro.

Ten paciencia conmigo mientras agradezco a algunos queridos amigos que posibilitaron este proyecto.

Primeramente, a Calvin Miller. En 1977, un querido amigo me obsequió un libro rectangular llamado *The Singer* [El cantante] y me instó a leerlo. Lo hice... varias veces. Quedé asombrado. Nunca había visto tal artesanía de palabras. Nunca había visto tal pasión. Todavía guardo el libro en mi estante. Tiene las esquinas marcadas, está deteriorado por el tiempo y tiene manchas de café. Pero nunca lo desecharé. Pues a través de él, Calvin Miller me hizo conocer un nuevo calibre de escritura: un fructífero híbrido de fe y creatividad.

Gracias, Calvin, por lo que ha significado para miles de lectores a lo largo de las últimas dos décadas. Gracias por sentarse con paciencia hasta que Dios le diese una forma fresca de contar el antiguo relato. Y gracias por ayudar a este escritor a ingresar a un nuevo palacio de posibilidades.

Gracias, también:

A Kip Jordon y Byron Williamson, dos queridos hermanos que ayudan a que Word Publishing sea un ministerio a la vez que es un negocio.

A Ernie Owen, un sabio cristiano con un ojo puesto en Dios y el otro en los hijos de Él. Gracias por los consejos.

A Carol Bartley y Anne Christian Buchanan. Gracias por corregir y corregir y corregir y corregir y... Hicieron un trabajo excelente. (Todos mis errores son nuestro secretito, ¿les parece?)

A Mary Stain. Gracias a sus habilidades secretariales y notable flexibilidad se ha finalizado otro manuscrito. Estoy agradecido.

Al resto del personal de Oak Hills Church. ¿Qué haría si no tuviese amigos como ustedes? Muchísimas gracias.

A Tim Kimmel y John Trent. Una charla con ustedes me da ánimo suficiente para un mes entero.

A los ancianos e iglesia de Oak Hills. Nunca soñé que tendría el privilegio de servir con una familia tan leal. Agradezco a Dios por lo que hacen.

A Dave Moberg, Nancy Guthrie y David Edmonson, por hacer que luzca mejor de lo que soy en realidad.

A Michael Card, un genuino trovador cuyo corazón toca el mío.

Y finalmente, dos personas especiales.

A mi esposa, Denalyn. Gracias por hacer que mi regreso a casa sea el momento memorable de mi día.

Y gracias a ti, lector, por invertir tiempo y dinero con la esperanza de ver a Jesús. Que Él pueda honrar el deseo de tu corazón.

Cuando vio a las multitudes, subió a la ladera de una montaña y se sentó. Sus discípulos se le acercaron, y Él comenzó a enseñarles diciendo:

«Dichosos los pobres en espíritu,
porque el reino de los cielos es de ellos.
Dichosos los que lloran,
porque recibirán consuelo.
Dichosos los de corazón humilde,
porque heredarán la tierra.
Dichosos los que tienen hambre y sed
de justicia,
porque serán saciados.
Dichosos los compasivos,
porque serán tratados con compasión.
Dichosos los de corazón limpio,
porque ellos verán a Dios.
Dichosos los pacificadores,
porque serán llamados hijos de Dios.
Dichosos los perseguidos por causa
de la justicia,
porque el reino de los cielos es de ellos».

Mateo 5.1-10, NVI

DICHOSOS...

1

DELEITE SAGRADO

Ella tiene derecho a estar amargada.

A pesar de ser talentosa, durante años pasó inadvertida. Prestigiosos círculos de ópera se negaron a darle cabida cuando intentó entrar. Los críticos estadounidenses pasaron por alto su voz impactante. La rechazaron repetidamente en papeles para los que le sobraban condiciones. Apenas se fue a Europa y se ganó los corazones de públicos difíciles de complacer, líderes de la opinión nacional reconocieron su talento.

Su vida profesional no solo ha sido una lucha, sino también su vida personal presenta el mismo desafío. Es madre de dos niños minusválidos, uno de ellos tiene un severo retraso mental. Hace años, a fin de escapar del ritmo de la ciudad de Nueva York, adquirió una casa en *Martha's Vineyard*. Se incendió totalmente dos días antes de mudarse.

Rechazo profesional. Trabas personales. Terreno ideal para las semillas de amargura. Un campo receptivo para las raíces de resentimiento. Pero en este caso, la ira no encontró dónde habitar.

Sus amigos no la llaman amargada; le dicen «Bubbles» [Burbujas].

Beverly Sills. Cantante de ópera de fama internacional. Directora retirada de la Ópera de la ciudad de Nueva York.

La risa endulza sus frases. La serenidad suaviza su rostro. Al entrevistarla, Mike Wallace declaró que «es una de las damas más impactantes, o tal vez *la más* impactante, que haya entrevistado jamás».

¿Cómo puede una persona enfrentarse a semejante rechazo profesional y trauma personal y aun así recibir el apodo de Burbujas? «Decido ser alegre», dice ella. «Años atrás sabía que no tenía demasiada posibilidad de decidir el éxito, las circunstancias, ni siquiera la felicidad; pero sabía que podía optar por la alegría.

»Pedimos sanidad. Dios no la ha dado. Pero nos bendice».

Glyn hablaba lentamente. En parte por su convicción. En parte por su enfermedad. Su esposo, Don, estaba sentado en una silla junto a ella. Los tres vinimos a programar un funeral... el suyo. Y ahora, después de cumplir esa tarea, de seleccionar los himnos y dar las indicaciones, Glyn habló.

«Él dio una fortaleza que desconocíamos. Nos la dio cuando nos hizo falta y no antes». Sus palabras se arrastraban, pero eran claras. Sus ojos estaban humedecidos, pero confiados.

Me pregunté qué pasaría si me quitasen la vida a los cuarenta y cinco años. Me pregunté el efecto que me produciría decir adiós a mis hijos y a mi cónyuge. Me pregunté qué sentiría como testigo de mi muerte.

«Dios nos ha dado paz en el dolor. Nos cubre en todo momento. Incluso cuando estamos fuera de control, sigue presente».

Hacía un año que Glyn y Don se enteraron de la condición de Glyn: esclerosis lateral amiotrófica (mal de Lou

Gehrig). La causa y la cura permanecen en el misterio. Pero el resultado no. La fuerza muscular y la movilidad se van deteriorando a ritmo constante, quedando solo la mente y la fe.

Y la combinación de la mente y la fe de Glyn fue lo que me llevó a comprender que hacía más que programar un funeral. Contemplaba las joyas santas que ella extrajo de la mina de la desesperanza.

«Podemos usar cualquier tragedia como piedra de tropiezo o como escalón...

»Espero que esto no cause amargura en mi familia. Espero poder ser un ejemplo de que Dios desea que confiemos en tiempos buenos y en malos. Porque si no confiamos cuando los tiempos son difíciles, es porque en realidad no confiamos».

Don la tomó de la mano. Le enjugó las lágrimas. Se enjugó las propias.

«¿Quiénes son estos dos?» Me pregunté mientras lo observaba secar la mejilla de ella con un pañuelo. «¿Quiénes son estos que, estando a la orilla del río de la vida, pueden mirar hacia la otra orilla con tanta fe?»

El momento era solemne y dulce. Hablé poco. No somos audaces en presencia de lo sagrado.

«¡Tengo todo lo que necesito para gozar!» dijo Robert Reed.

«¡Sorprendente!» pensé.

Sus manos están retorcidas y sus pies inutilizados. No se puede bañar solo. No se puede alimentar. No puede cepillarse los dientes, ni peinarse, ni ponerse la ropa interior. Sus camisas se abrochan con tiras de Velcro®. Su hablar es arrastrado como un audiocasete gastado.

Robert tiene parálisis cerebral.

La enfermedad le impide conducir automóvil, andar en bicicleta y salir a caminar. Pero no le impidió graduarse de la secundaria ni asistir a Abilene Christian University, de donde se graduó como profesor de latín. Su parálisis cerebral no le impidió enseñar en una escuela secundaria de St. Louis ni aventurarse a realizar cinco viajes misioneros al extranjero.

La enfermedad de Robert no le impidió ser misionero en Portugal.

Se mudó a Lisboa, solo, en 1972. Allí alquiló una habitación de hotel y empezó a estudiar portugués. Encontró un dueño de restaurante que le daba de comer después de la hora más atareada y un tutor que le enseñaba el idioma.

Después se ubicaba diariamente en un parque, donde distribuía folletos acerca de Cristo. A los seis años había llevado a setenta a entregarse al Señor, una de las cuales llegó a ser su esposa, Rosa.

Hace poco escuché a Robert. Vi a varios hombres llevarlo a la plataforma en su silla de ruedas. Los observé colocar una Biblia en su falda. Observé cómo sus dedos rígidos forzaban las páginas a abrirse. Y observé cómo las personas que integraban el público secaban sus lágrimas de admiración de los rostros. Robert pudo pedir simpatía o compasión, pero hizo lo contrario. Levantó su mano retorcida al aire y se jactó: «Tengo todo lo que necesito para estar gozoso».

Sus camisas son sostenidas por Velcro®, pero su vida es sostenida por gozo.

Ningún hombre tenía mayor motivo para ser desdichado que él, sin embargo ninguno era más gozoso.

Su primer hogar fue un palacio. Tenía sirvientes a la mano. El chasquido de sus dedos cambiaba el curso de la historia. Su nombre era conocido y amado. Tenía todo: riqueza, poder, respeto.

Y luego se quedó sin nada.

Los estudiantes del caso todavía lo consideran. Los historiadores tropiezan al intentar explicarlo. ¿Cómo podría un rey perder todo en un instante?

En un momento pertenecía a la realeza; al siguiente quedó en la pobreza.

Su cama llegó a ser, en el mejor de los casos, un camastro prestado... y, por lo general, la tierra dura. Nunca fue dueño de siquiera el medio más elemental de transporte y dependía de donaciones para sus ingresos. A veces estaba tan hambriento que comía granos crudos o agarraba fruta de algún árbol. Sabía lo que era estar bajo la lluvia, el frío. Sabía lo que significaba no tener hogar.

Los predios de su palacio fueron impecables; ahora estaban expuestos a la suciedad. Nunca había conocido dolencia, pero ahora estaba rodeado de enfermedades.

En su reino fue reverenciado; ahora era ridiculizado. Sus vecinos intentaron matarlo. Algunos dijeron que era un lunático. Su familia intentó confinarlo a su casa.

Aquellos que no lo ridiculizaron intentaron usarlo. Querían favores. Querían que hiciera trucos. Él era una novedad. Querían ser vistos con él, es decir, hasta que pasó de moda el ser visto con él. Después quisieron matarlo.

Se le acusó de un delito que nunca cometió. Contrataron testigos para que mintiesen. El jurado fue preparado. No se le asignó abogado para su defensa. Un juez impulsado por los políticos dictó la pena de muerte.

Lo mataron.

Se fue del mismo modo que llegó, sin un centavo. Fue enterrado en una tumba prestada, y su funeral financiado por amigos compasivos. Aunque una vez lo tuvo todo, murió sin nada.

Debería ser desdichado. Debería estar amargado. Tenía todo el derecho a ser una caldera hirviente de ira. Pero no lo fue.

Estaba gozoso.

Los agrios no atraen seguidores. La gente lo seguía dondequiera que iba.

Los niños rechazan a los malhumorados. Corrían en pos de este hombre.

Las multitudes no se reúnen a escuchar a los llorones. Ellas clamaban al oírlo.

¿Por qué? Porque tenía gozo. Sentía gozo en su pobreza. Cuando fue abandonado. Cuando fue traicionado. Incluso al colgar de un instrumento de tortura, sus manos atravesadas por clavos romanos de quince centímetros.

Jesús personificaba el gozo inquebrantable. Un gozo que rehusaba doblegarse ante el viento de los tiempos difíciles. Un gozo que se mantenía en pie ante el dolor. Un gozo cuyas raíces se extendían en lo profundo del fundamento de la eternidad.

Quizás fue allí donde lo aprendió Beverly Sills. Sin duda, fue allí donde lo aprendieron Glyn Johnson y Robert Reed. Y es allí donde podemos aprenderlo nosotros.

¿Qué tipo de gozo es este? ¿Qué cosa es este regocijo que osa guiñar a la adversidad? ¿Qué ave es esta que canta en la oscuridad? ¿Cuál es la fuente de esta paz que desafía al dolor?

Yo lo llamo deleite sagrado.

Es sagrado porque no es terrenal. Lo que es sagrado es de Dios. Y este gozo es de Dios.

Es deleite porque puede satisfacer y sorprender al mismo tiempo.

Deleite es los pastores de Belén bailando fuera de una cueva. Deleite es María contemplando a Dios dormido en un pesebre. Deleite es el canoso Simeón alabando a Dios, que está a punto de ser circuncidado. Deleite es José enseñándole al Creador del mundo cómo sostener un martillo.

Deleite es la expresión en el rostro de Andrés al mirar el recipiente con alimentos que nunca se vacía. Deleite es invitados a una boda adormecidos por beber el vino que había sido agua. Deleite es Jesús atravesando las olas como quien atraviesa un cortinaje. Deleite es un leproso que ve un dedo donde antes sólo había un muñón... una viuda que hace una fiesta con la comida preparada para un funeral... un parapléjico haciendo piruetas. Deleite es Jesús haciendo cosas imposibles de maneras alocadas: sanando al ciego con saliva, pagando los impuestos con una moneda encontrada en la boca de un pez y resucitando de entre los muertos vestido de jardinero.

¿Qué es un deleite sagrado? Es cuando Dios hace lo que los dioses harían únicamente en sus sueños más alocados: usar pañales, montar burros, lavar pies, dormir durante tormentas. Deleite es el día que acusaron a Dios de divertirse demasiado, de asistir a demasiadas fiestas y de pasar demasiado tiempo con la gente que se junta en el bar.

Deleite es el salario de un día abonado a jornaleros que sólo habían trabajado una hora... es el padre que lava la espalda de su hijo para quitarle el olor a marrano... es el pastor que hace una fiesta porque encontró a la oveja perdida. Deleite es descubrir una perla, es un talento multiplicado, es un mendigo camino al cielo, es un malhechor en el reino. Deleite es sorpresa en los rostros de gente de la calle que ha sido invitada al banquete de un rey.

Deleite es una mujer samaritana boquiabierta con expresión de sorpresa, es la adúltera que se aleja del terreno donde hay piedras desparramadas y es Pedro en ropa interior que se lanza al agua fría para acercarse al que había maldecido.

Deleite sagrado es una buena noticia que entra por la puerta trasera de su corazón. Es lo que siempre ha soñado pero nunca esperó que sucediese. Es aquello que es demasiado bueno para ser cierto que se hace realidad. Es tener a Dios de bateador suplente, abogado, papá, principal fanático y mejor amigo. Dios a su lado, en su corazón, delante de usted y protegiendo su espalda. Es esperanza en el lugar que menos esperaba encontrarla: una flor en la acera de la vida.

Es *sagrado* porque sólo Dios lo puede conceder. Es un *deleite* porque emociona. Como es sagrado, no puede ser robado. Y por ser deleitoso, no se puede predecir.

Esta fue la alegría que danzó por el Mar Rojo. Este fue el gozo que hizo sonar la trompeta en Jericó. Este fue el secreto que hizo cantar a María. Esta fue la sorpresa que dio la primavera a la mañana de Pascua.

Es la alegría de Dios. Es deleite sagrado.

Y este es el deleite sagrado que promete Jesús en el Sermón del Monte.

Nueve veces lo promete. Y se lo promete al grupo de gente menos pensado:

- «*Los pobres en espíritu*». Mendigos en la cocina de Dios.

- «*Los que lloran*». Pecadores anónimos unidos por la verdad de su presentación: «Hola, soy yo. Un pecador».

- «*Los de corazón humilde*». Pianos en una casa de empeño tocados por Van Cliburn. (Es tan bueno que nadie nota las teclas faltantes.)

- «*Los que tienen hambre y sed de justicia*». Huérfanos hambrientos que conocen la diferencia entre alimentos congelados y un banquete.

- «*Los compasivos*». Ganadores de la lotería de un millón de dólares que comparten el premio con sus enemigos.

- «*Los de corazón limpio*». Médicos que aman a los leprosos y escapan a la infección.

- «*Los pacificadores*». Arquitectos que construyen puentes con la madera de una cruz romana.

- «*Los perseguidos*». Los que logran mantener un ojo puesto en el cielo mientras andan por un infierno terrenal.

Este es el grupo de peregrinos al cual Dios promete una bendición especial. Un gozo celestial. Un deleite sagrado.

Pero este gozo no es barato. Lo que Jesús promete no es una treta para producirle piel de gallina ni una actitud mental que necesita estimulación. No, Mateo 5 describe la divina reconstrucción radical del corazón.

Observe la secuencia. Primeramente, reconocemos nuestra necesidad (somos pobres en espíritu). Acto seguido, nos arrepentimos de nuestra autosuficiencia (lloramos). Dejamos de controlar la situación y cedemos el control a Dios (tenemos corazón humilde). Quedamos tan agradecidos por su presencia que anhelamos más de Él (tenemos hambre y sed). Al acercarnos más a Él, nos parecemos más a Él. Perdonamos a otros (somos compasivos). Cambiamos nuestra perspectiva (tenemos corazón limpio). Amamos a otros (somos pacificadores). Soportamos injusticia (somos perseguidos).

No se trata de una modificación fortuita de la actitud. Es una demolición de la vieja estructura para crear una nueva. Cuanto más radical es el cambio, mayor es el gozo. Y todo esfuerzo vale la pena, pues se trata del gozo de Dios.

No es accidental que la misma palabra usada por Jesús para prometer deleite sagrado sea la misma que Pablo usó para describir a Dios:

«Dios bendito».[1]

«Dios el único y bendito soberano».[2]

Reflexione acerca del gozo de Dios. ¿Qué puede empañarlo? ¿Qué puede apagarlo? ¿Qué puede matarlo? ¿Se

1 1 Timoteo 1.11.
2 1 Timoteo 6.15.

altera Dios ante largas filas o congestionamiento de tránsito? ¿Se niega Dios, alguna vez, a rotar la tierra por tener heridos los sentimientos?

No. Su gozo no puede ser apagado por consecuencias. Su paz no puede ser robada por circunstancias.

Hay una deliciosa alegría que viene de Dios. Un gozo santo. Un deleite sagrado.

Y está a su alcance. Sólo hay una decisión entre usted y el gozo.

**CUANDO
VIO A LAS
MULTITUDES,
SUBIÓ
A LA LADERA
DE UNA
MONTAÑA
Y SE SENTÓ.**

2

SU CUMBRE

Si tiene tiempo para leer este capítulo, probablemente no necesite hacerlo.

Si está leyendo lentamente para tener algo con qué ocupar su tiempo... si su hora de lectura es relajada y se desarrolla entre una larga caminata y una buena siesta... si su lista de cosas para hacer hoy fue elaborada una hora después de levantarse... entonces es posible que quiera saltar este capítulo para pasar al siguiente. Es probable que haya dominado el mensaje de las páginas que siguen.

Si, en cambio, está leyendo en su auto con un ojo puesto en el semáforo... o en el aeropuerto mientras atiende con un oído al llamado de su vuelo... o en la habitación del bebé mientras con una mano mece la cuna... o en la cama avanzada la noche, sabiendo que tiene que levantarse por la mañana temprano... entonces siga leyendo, amigo. Este capítulo es para usted.

Usted está en un apuro. Los Estados Unidos están en un apuro. El valor del tiempo se ha disparado. El valor de cualquier mercadería depende de su escasez. Y el tiempo que antes era abundante ahora se lo lleva el mejor postor.

Un hombre en Florida factura a su oftalmólogo noventa dólares por hacerlo esperar una hora.

Una mujer en California emplea a una persona para que le haga las compras, de un catálogo.

Con veinte dólares es posible contratar a una persona para que retire su ropa de la tintorería.

Con mil quinientos dólares puede comprar una máquina de fax... para su automóvil.

Es posible comprar tarjetas de saludo para expresar a sus hijos cosas que quiere decir, pero no tiene tiempo para hacerlo: «Que tengas un buen día en la escuela» u «Ojalá estuviese allí para acomodarte en la cama».

Estados Unidos, el país de los atajos y las vías rápidas. (Somos la única nación del mundo que tiene una montaña que se llama «Rushmore».)[1]

«El tiempo», según el encuestador Louis Harris, «posiblemente se haya convertido en el bien más preciado de la tierra».

¿Es cierto que tenemos menos tiempo? ¿O es sólo nuestra imaginación?

En 1965, un testimonio ante un subcomité del Senado declaró que el futuro del tiempo libre lucía brillante en los Estados Unidos. Para el año 1985, predijo el informe, los estadounidenses estarían trabajando veintidós horas por semana y tendrían la posibilidad de jubilarse a la edad de treinta y ocho años.

¿La razón? La edad de la computadora daría entrada a una reluciente gama de avances que harían el trabajo por nosotros a la vez que estabilizarían nuestra economía.

Tomemos como ejemplo la familia, citaron ellos. Microondas, comidas de preparación rápida y procesadores de alimentos allanarán el camino hacia un futuro libre de problemas. ¿Y la oficina? Pues bien, ¿vio ese viejo mimeógrafo? Será reemplazado por una copiadora. ¿Y los archivos? Las computadoras son los archivos del futuro. ¿Y esa máquina de escribir eléctrica? No se apegue demasiado a ella; una computadora realizará también su trabajo.

---

1   N. del T.: Rushmore es un nombre propio, pero aquí el autor hace un juego de palabras, porque la expresión *rush more* significa «apurarse más».

Y ahora, años más tarde, disponemos de todo lo que prometía el informe. Las computadoras están manejando datos, las videograbadoras están grabando, las máquinas de fax están transmitiendo. Y sin embargo, los relojes siguen marcando el tiempo, y la gente sigue corriendo. A decir verdad, el tiempo promedio de descanso se ha *reducido* un 37 por ciento desde 1973. La semana de trabajo promedio se ha *incrementado* de cuarenta y uno a cuarenta y siete horas. (Y, para muchos de ustedes, cuarenta y siete horas representarían una semana tranquila.)[2]

¿Por qué no se cumplió el pronóstico? ¿Qué fue lo que se le escapó al comité? Olvidaron el apetito del consumidor. Al desembocar el idealismo de los sesenta en el materialismo de los ochenta, el tiempo libre que obtuvimos por medio de la tecnología no nos llevó a relajarnos; más bien nos hizo correr. Los artefactos nos brindaban más tiempo... más tiempo significaba más dinero potencial... más dinero potencial significaba mayor necesidad de tiempo... y así sucesivamente. Las vidas se agitaban más al aumentar las exigencias. Y al ocurrir esto, se volvían más vacías.

«Estoy metido en tantas cosas que no puedo atender ningún asunto como corresponde», se quejaba un padre joven.

¿Se identifica?

Cuando tenía diez años, mi madre me inscribió en clases de piano. Ahora bien, muchos jovencitos se destacan en el teclado. Yo no. Pasar treinta minutos cada tarde atado a una banqueta de piano era una tortura parecida a tragar vidrio molido. El metrónomo inspeccionaba cada segundo con lentitud glacial antes de permitirle pasar.

Sin embargo, creo, aprendí a disfrutar algo de música. Martillaba los staccatos. Me esmeraba en los crescendos. Los finales estruendosos los hacía sonar como timbales. Pero había una instrucción en la música que nunca lograba obedecer a entera satisfacción a mi profesora. El silencio. La

---

2 «How Americans Are Running out of Time» [Cómo se les está acabando el tiempo a los estadounidenses], *Time*, 24 de abril de 1989, pp. 74-76.

marca en zigzag que ordenaba hacer nada. ¡Nada! ¿Qué sentido tiene eso? ¿Por qué sentarse al piano y hacer una pausa cuando se puede golpear?

«Porque», explicaba mi profesora con paciencia, «la música siempre es más dulce después de un descanso».

A la edad de diez años eso no tenía sentido para mí. Pero ahora, unas pocas décadas más tarde, las palabras resuenan con sabiduría, sabiduría divina. A decir verdad, las palabras de mi profesora me hacen recordar las convicciones de otro Maestro.

«Cuando vio a las multitudes, subió a la ladera de una montaña...»

No lea la oración con tanta rapidez que se pierde la sorpresa. Mateo no escribió lo que usted esperaría que escribiese. El versículo no dice: «Cuando vio a las multitudes, se metió en medio de ellos». O «Cuando vio a las multitudes, sanó sus dolencias». O «Cuando vio a las multitudes, los sentó y comenzó a enseñarles». En otras ocasiones hizo eso... pero esta vez no.

Antes de dirigirse a las masas, se fue a la montaña. Antes de que los discípulos se encontrasen con las multitudes, se encontraron con Cristo. Y antes de enfrentarse a la gente, les fue recordado lo sagrado.

Con frecuencia escribo avanzada la noche. No necesariamente porque me guste, sino porque la cordura sólo llega a nuestra casa después del noticiero de las diez.

A partir del momento que llego a casa por la tarde hasta el minuto que me siento ante la computadora unas cinco horas más tarde, el movimiento no se detiene. Treinta segundos después de trasponer el umbral, mis dos rodillas son atacadas por dos niñas chillonas. Me ponen en los brazos un bebé cuyo cabello parece pelusa y me estampan en los labios un beso de bienvenida al hogar.

«Ha llegado la caballería», anuncio yo.

«Y por cierto que sin un minuto de sobra», responde mi esposa Denalyn, con una grata sonrisa.

Las horas que siguen traen un coro de sonidos familiares: risas, vajilla que se golpea, ruidos sobre el piso, gritos de agonía por golpes en los pies, salpicaduras al bañarse y ruidos sordos de juguetes que son lanzados a la cesta. La conversación es tan constante como predecible.

«¿Puedo comer más cake?»

«¡Jenna tiene mi muñeca!»

«¿Puedo cargar al bebé?»

«Querida, ¿dónde está el chupete?»

«¿Hay algún camisón limpio en la secadora?»

«Niñas, es hora de dormir».

«¿Una canción más?»

Después, al fin, se detiene el huracán de todas las noches y se aplaca el rugido. Mamá mira a papá. Se evalúan los daños del día y se hace la limpieza. Mamá se va a la cama y papá se dirige al cuarto de juegos para escribir.

Es allí donde estoy ahora. Sentado, en quietud, acompañado por el golpeteo del teclado de la computadora, el aroma de café y el ritmo del lavaplatos. Lo que treinta minutos antes era una sala de juegos es ahora un estudio. Y, lo que ahora es un estudio quizás —sólo digo quizás— se convierta en un santuario. Pues lo que pueda suceder en los siguientes minutos raya en lo santo.

La quietud reducirá el ritmo de mi pulso, el silencio me abrirá los oídos y sucederá algo sagrado. El suave golpeteo de los pies enfundados en sandalias romperá la quietud, una mano perforada extenderá una silenciosa invitación, y yo seguiré.

Desearía poder decir que esto ocurre cada noche; no es así. Hay noches en las que Él invita y yo no escucho. Otras, Él invita y sencillamente no voy. Pero algunas, escucho su susurro poético: «Vengan a mí, todos ustedes que están cansados y agobiados»[3] yo le sigo. Dejo atrás los presupuestos, las cuentas y las fechas límite y camino con Él por la senda angosta que asciende a la montaña.

Usted ha estado allí. Ha escapado de los cimientos arenosos del valle y ha escalado su gran saliente de granito. Ha dado su espalda al ruido y ha seguido su voz. Se ha alejado de las masas y ha seguido al Maestro mientras Él le guiaba hacia arriba por el sendero sinuoso que va a la cumbre.

Su cumbre. Aire puro. Vista despejada. Brisa fresca. El clamor del mercado está allí abajo, y la perspectiva de la cima se encuentra aquí arriba.

Con suavidad su guía lo invita a sentarse en la roca que está por encima del nivel de los árboles para mirar junto con Él los antiguos picos que nunca se erosionarán. «Lo que es necesario seguirá siéndolo», le confía Él. «Sólo recuerde:

»No hay sitio al que mañana pueda ir en el que no haya estado yo anteriormente.

»La verdad seguirá triunfando.

»La muerte seguirá muriendo.

»La victoria es suya.

»Y el deleite está a sólo un paso, aférrese a él».

La cumbre sagrada. Un lugar de permanencia en un mundo de transición.

Reflexione acerca de las personas en su mundo. ¿No puede decirnos quiénes han estado en su montaña? Sus problemas no son muy diferentes. Y sus desafíos siguen siendo igual de severos. Pero hay una paz persistente que los vuelve sagrados. Una confianza en que la vida no se voltea por causa de presupuestos incumplidos o aviones

---

3   Mateo 11.28.

desviados. Una serenidad que suaviza las comisuras de los labios. Un deleite contagioso que brilla en sus ojos.

Y en sus corazones reina una confianza cual fortaleza que cree que el valle puede ser soportado, incluso disfrutado, porque sólo hay una decisión que los separa de la montaña.

Leí recientemente acerca de un hombre que había respirado el aire de la cumbre. Sus viajes ascendentes por la senda se habían iniciado a principios de su vida y le habían servido de apoyo hasta el fin. Unos pocos días antes de morir, un sacerdote fue a visitarlo al hospital. Al entrar el sacerdote a la habitación, notó una silla desocupada junto a la cama del hombre. El sacerdote le preguntó si alguno había ido a visitarlo. El viejo hombre sonrió: «En esa silla ubico a Jesús, y le hablo».

El sacerdote quedó perplejo, de modo que el hombre explicó. «Hace años un amigo me dijo que la oración era tan sencilla como hablarle a un buen amigo. Así que cada día acerco una silla, invito a Jesús a sentarse y desarrollamos una buena plática».

Algunos días después, la hija de este hombre se acercó a la casa parroquial para informar al sacerdote que su padre acababa de morir. «Como parecía estar tan contento», dijo ella, «lo dejé solo en su habitación por un par de horas». Cuando regresé, lo encontré muerto. Sin embargo, noté algo extraño: Su cabeza estaba apoyada, no sobre la almohada, sino sobre una silla desocupada que estaba junto a su cama».[4]

Aprenda la lección del hombre de la silla. Tome nota de la profesora de música y el silencio. Viaje con el rey a la cumbre de la montaña. Es un sitio puro, despejado y está en la cima del mundo. El gozo persistente empieza al inspirar profundamente allí arriba antes de volverse loco aquí abajo.

Vaya, creí escuchar que alguien anunciaba su vuelo...

4   Walter Burkhardt, *Tell the Next Generation* [Díganlo a la siguiente generación], Paulist, Ramsey, NJ, 1982, p. 80, según cita de Brennan Manning, *Lion and Lamb* [El león y el cordero], Chosen, Revell, Old Tappan, NJ, 1986, p. 129.

DICHOSOS...

LOS
POBRES
EN
ESPÍRITU...

3

LOS POBRES PUDIENTES

Podríamos empezar con la risa de Sarai. Su cara arrugada cubierta por sus manos huesudas. Sus hombros estremeciéndose. Sus pulmones sibilantes. Sabe que no debe reír; no es permitido reírse de lo que dice Dios. Pero justo cuando logra recuperar el aliento y secarse las lágrimas, recuerda el asunto... y una nueva ola de risa hace que se doble en dos.

Podríamos comenzar donde Pedro se queda mirando asombrado. Es una mirada atónita. Sus ojos tienen el tamaño de pomelos. Ni siquiera presta atención a los pescados apilados hasta sus rodillas y al agua que lame el borde del barco. No escucha que le ordenan que se despierte y ayude. Pedro está aturdido, lo domina un pensamiento, un pensamiento demasiado ridículo para expresarlo en voz alta.

Podríamos comenzar con el descanso de Pablo. Durante tres días ha luchado; ahora descansa. Está sentado en el suelo, en un rincón. Su rostro está desfigurado. Su estómago vacío. Sus labios están resecos. Bolsas cuelgan debajo de sus ojos cegados. Pero tiene una leve sonrisa en los labios. Un fresco arroyo está fluyendo hacia una laguna estancada, y el agua es dulce.

Pero no empecemos con estos. Comencemos en otra parte.

Veamos primeramente al joven profesional de economía floreciente (yuppie) del Nuevo Testamento que está negociando.

Es rico. Zapatos italianos. Traje a la medida. Su dinero está invertido. Su plástico es dorado. Vive de la misma manera que vuela: primera clase.

Es joven. Aleja la fatiga desarrollando músculos en el gimnasio y hunde al envejecimiento en el cesto de la cancha. Su barriga es plana, sus ojos agudos. La marca que lo caracteriza es la energía, y la muerte está a una eternidad de distancia.

Es poderoso. Si no lo cree así, basta con preguntarle. ¿Tiene usted preguntas? Él tiene respuestas. ¿Tiene problemas? Él tiene soluciones. ¿Tiene dilemas? Él tiene opiniones. Sabe hacia dónde va y piensa llegar mañana. Es la nueva generación. La antigua que tome el paso o empaquete sus cosas.

Domina las tres «P» del mundo empresarial. Prosperidad. Posteridad. Poder. Él es el joven... dirigente... rico.[1]

Hasta hoy, para él la vida ha sido un paseo agradable por una avenida de neón. Pero ahora tiene una pregunta. ¿Una preocupación fortuita o un temor genuino? No lo sabemos. Lo que *sí* sabemos es que ha venido en busca de consejo.

Para alguien tan acostumbrado a dictar órdenes, debe resultarle incómodo tener que solicitar la ayuda de este hijo de carpintero. Para un hombre de su nivel procurar consejo de un burdo campesino no constituye un procedimiento común. Pero esta pregunta no es común.

---

1   Su historia se relata en Mateo 19, Marcos 10 y Lucas 18.

—Maestro —le pregunta—, ¿qué tengo que hacer de bueno para obtener la vida eterna?

Su forma de expresar la pregunta deja en claro su creencia errónea. Piensa que puede conseguir vida eterna del mismo modo que obtiene todo lo demás: por su propia fuerza.

—¿Qué debo hacer *yo*?

Jesús: ¿Cuáles son los requisitos? ¿Cuál es el punto clave? Sin vueltas; directo al grano. ¿Cuánto hace falta que invierta para asegurar mi ganancia?

La respuesta de Jesús intenta hacerlo retroceder.

—Si quieres entrar en la vida, obedece los mandamientos.

A ese nivel, un hombre que tuviese al menos media conciencia, habría gesticulado levantando las manos. «¿Guardar los mandamientos? ¡Guardar los mandamientos! ¿Sabe usted cuántos mandamientos hay? ¿Ha leído últimamente la ley? Lo he intentado —de verdad que lo he intentado—, pero no puedo».

Eso es lo que debiera decir el dirigente, pero esa confesión es lo que más dista de su mente. En lugar de pedir ayuda, toma un lápiz y un papel y pide la lista.

—¿Cuáles?

Moja el lápiz con la lengua y arquea una ceja.

Jesús lo complace.

—No mates, no cometas adulterio, no robes, no des falso testimonio, honra a tu padre y a tu madre, y ama a tu prójimo como a ti mismo.

«¡Fantástico!» piensa el joven al acabar las anotaciones. «Ahora tengo el examen. Veamos si apruebo.

»¿Asesinato? Por supuesto que no. ¿Adulterio? Bueno, nada que no haría cualquier joven de sangre roja. ¿Robos? Un poco de extorsión, pero todo justificable. ¿Falso testimonio? Mmmmm... sigamos adelante. ¿Honra a tu padre y a tu madre? Por supuesto, los veo en días feriados. ¿Ama a tu prójimo como a ti mismo...?

—Vaya —sonríe—, facilísimo. He cumplido todos estos. A decir verdad, los he cumplido desde niño.

Fanfarronea un poco y se engancha un pulgar en el cinturón.

—¿Queda algún otro mandamiento para mí?

Cómo logra Jesús contener la risa, o el llanto, escapa a mi comprensión. La pregunta que tenía como propósito mostrar al dirigente cuán corto se quedaba sólo logra convencerlo de su estatura elevada. Es un niño que chorrea agua por el piso mientras le dice a su mamá que no ha estado en la lluvia.

Jesús va directo al grano.

—Si quieres ser perfecto, anda, vende lo que tienes y dáselo a los pobres, y tendrás tesoro en el cielo.

La declaración deja al joven consternado y a los discípulos perplejos.

Su pregunta podría ser nuestra:

—Entonces, ¿quién podrá salvarse?

La respuesta de Jesús deja a los oyentes en estado de shock:

—Para los hombres es imposible...

Imposible.

No dice improbable. No dice que no sea factible. Ni siquiera dice que será difícil. Dice que es «imposible». No hay oportunidad. No hay manera. No hay excusa. No hay esperanza. Imposible. Es imposible cruzar el Pacífico a nado. Es imposible llegar a la luna montado en la cola de una cometa. No es posible escalar el Monte Everest con una cesta de comida y un bastón. Y a menos que alguien haga algo, no tendrá posibilidad de ir al cielo.

¿Le parece eso frío? Toda su vida ha sido recompensado según su desempeño. Recibe calificaciones según su estudio. Recibe elogios según el éxito que tiene. Recibe dinero como respuesta a su trabajo.

Es por eso que el joven dirigente rico pensó que lo único que lo separaba del cielo era un pago. Tenía sentido. Uno trabaja duro, paga lo que debe y «zas»... es acreditado a su cuenta el pago total. Jesús dice: «De ninguna manera». Lo que usted quiere cuesta mucho más de lo que pueda pagar.

No necesita un sistema, necesita un Salvador. No necesita un *curriculum vitae*, lo que necesita es un Redentor. Pues «Para los hombres es imposible[...] pero todo es posible para Dios».[2]

No pierda el enfoque de este versículo: *Usted no puede salvarse a sí mismo*. No puede hacerlo por medio de ritos. No puede hacerlo por medio de una doctrina correcta. No puede hacerlo por medio de una devoción adecuada. No puede hacerlo por medio de la piel de gallina apropiada. El punto que destaca Jesús es claro como el cristal. Es imposible que los seres humanos se salven a sí mismos.

Verá usted, no era el dinero lo que estorbaba al joven rico; era la autosuficiencia. No eran las posesiones; era la pompa. No eran las grandes cantidades de billetes; era la cabeza inflada. «¡Cuán difícil es para un rico entrar en el reino de los cielos!»[3]

No sólo los ricos tienen dificultad. También los educados, los fuertes, los de buen parecer, los populares, los religiosos. También la tiene usted si piensa que su piedad o poder lo hace apto como candidato para el reino.

Y si le cuesta digerir lo que dijo Jesús al joven dirigente, entonces la descripción que hace del día del juicio final se le atorará en la garganta.

Es una imagen profética del día final: «Muchos dirán en aquel día: "Señor, Señor, ¿no profetizamos en tu nombre, y en tu nombre expulsamos demonios e hicimos muchos milagros?"»[4]

Sorprendente. Esta gente está delante del trono de Dios jactándose de *sí misma*. La gran trompeta ha sonado, y siguen tocando las suyas. En lugar de cantar alabanzas a Él, cantan las propias. En lugar de adorar a Dios, leen su *curriculum vitae*. Cuando debieran estar mudos, hablan. Estando en presencia misma del Rey se jactan de ellos mismos. ¿Qué cosa es peor: su arrogancia o su ceguera?

2 Lucas 18.27.
3 Marcos 10.23.
4 Mateo 7.22.

Uno no impresiona a los oficiales de la NASA con un avión de papel. Uno no se jacta de sus bosquejos a lápiz en la presencia de Picasso. Uno no declara ser igual a Einstein porque puede escribir «H$_2$O». Y por cierto que uno no se jacta de su bondad en la presencia del Perfecto.

«Entonces les diré claramente: "Jamás los conocí. ¡Aléjense de mí, malhechores"».[5]

Anótelo. Dios no nos salva por lo que hemos hecho. Únicamente un dios endeble podría ser comprado con diezmos. Sólo un dios egoísta quedaría impresionado ante nuestro dolor. Sólo un dios temperamental quedaría satisfecho mediante sacrificios. Sólo un dios desalmado vendería la salvación a los mejores postores.

Y sólo un Dios grande hace por sus hijos lo que ellos no pueden hacer por sí mismos.

Ese es el mensaje de Pablo: «Porque lo que la ley era incapaz de hacer[...] lo hizo Dios».[6]

Y ese es el mensaje de la primera bienaventuranza.

«Dichosos los pobres en espíritu»

La joya de gozo es dada a los espíritus empobrecidos, no a los pudientes.[7] El deleite de Dios se recibe al rendirse, no se otorga al conquistar. El primer paso hacia el gozo es un pedido de ayuda, un reconocimiento de desamparo moral, una aceptación de escasez interior. Los que prueban la presencia de Dios han declarado quiebra espiritual y están conscientes de su crisis espiritual. Sus alacenas están peladas. Sus bolsillos están vacíos. Sus alternativas se han ido. Hace mucho que han dejado de exigir justicia; suplican misericordia.[8]

---

5 Mateo 7.23.
6 Romanos 8.3.
7 Frederick Dale Bruner aclara esto al interpretar a Mateo 5.3: «Dichosos los que sienten su pobreza[...] y claman por eso al cielo». *The Christbook: Matthew 1—12* [El libro de Cristo: Mateo 1—12], Word, Waco, TX, 1987, p. 135.
8 La palabra utilizada por Jesús al decir «pobres» es un vocablo que, al usarse en su sentido básico, «no significa el que es tan pobre que debe trabajar diariamente para vivir, sino el mendigo, aquel que depende de otros para su sostenimiento». William Hendricksen, *Exposition of the Gospel of Matthew* [Exposición del Evangelio según San Mateo], Baker, Grand Rapids, MI, 1973, p. 269.

No se jactan; ruegan.

Le piden a Dios que haga por ellos lo que no pueden hacer sin Él. Han visto cuán santo es Dios y cuán pecadores son ellos y han estado de acuerdo con la declaración de Jesús: «La salvación es imposible».

Qué ironía la del deleite de Dios, nacido en la tierra seca del desamparo en lugar de nacer en el suelo fértil de la realización.

Es una senda diferente, una que no estamos acostumbrados a tomar. No declaramos con frecuencia nuestra impotencia. El reconocimiento del fracaso no suele ser la entrada al gozo. No es común que la confesión completa sea seguida de un perdón total. Pero, por otro lado, Dios nunca ha sido gobernado por lo que es común.

...PORQUE
EL REINO
DE LOS
CIELOS
ES DE
ELLOS.

4

EL REINO DEL ABSURDO

El reino de los cielos. Sus ciudadanos están ebrios de asombro.

Considere el caso de Sarai.[1] Está en sus años dorados, y Dios le promete un hijo. Ella se emociona. Visita la tienda de ropa de maternidad y compra algunos vestidos. Planifica el *baby shower*[2] y remodela su tienda... pero el hijo no llega. Se come algunos pasteles de cumpleaños y apaga muchas velas... pero el hijo aún no llega. Acaba una década de calendarios de pared... y el hijo todavía no llega.

Así que Sarai decide tomar el asunto en sus manos. («Quizás Dios necesita que me ocupe de esta cuestión».)

Convence a Abram de que el tiempo se está acabando. («Reconócelo, Ab, tampoco tú te has vuelto más joven».) Le ordena a su sierva, Agar, entrar a la tienda de Abram para ver si necesita algo. («¡Y quiero decir «lo que sea»!) Al entrar Agar es una sierva. Al salir es una mamá. Y se inician los problemas.

Agar la trata con desprecio. Sarai está celosa. Abran está mareado a causa del dilema. Y Dios llama al bebé un «asno montés», un nombre adecuado para uno que ha nacido de

---

1 Véase Génesis 16—18, 21, Biblia de las Américas.
2 Fiesta en la que se celebra la llegada del bebé.

la obstinación y cuyo destino es entrar a la historia dando coces.

No es la familia acogedora que había esperado Sarai. Y no es un tema que traten con frecuencia Abram y Sarai mientras cenan.

Al fin, catorce años después, cuando Abram está próximo al siglo de vida y Sarai tiene noventa... cuando Abram ha dejado de prestar atención a los consejos de Sarai, y Sarai ha dejado de darlos... cuando el empapelado del cuarto del bebé ha perdido su color y el mobiliario de bebé ha pasado de moda... cuando el tema del hijo prometido evoca suspiros y lágrimas acompañados de miradas lánguidas dirigidas a un cielo silencioso... Dios los visita y les dice que más vale que escojan un nombre para el hijo que ha de venir.

Abram y Sarai tienen la misma respuesta: risa. Se ríen, en parte, porque es demasiado increíble que suceda, y en parte porque podría llegar a suceder. Se ríen porque han abandonado la esperanza, y la esperanza que renace siempre es graciosa antes de hacerse real.

Se ríen de la locura del asunto.

Abram le echa un vistazo a Sarai... desdentada y roncando en su mecedora, cabeza echada hacia atrás y boca abierta de par en par, tan fructífera como una ciruela pasa descarozada e igual de arrugada. Y estalla de risa. Intenta contenerla, pero no puede. Siempre ha disfrutado de los buenos chistes.

A Sarai la idea le resulta igualmente graciosa. Cuando escucha la noticia, se le escapa una risita antes de poder contenerla. Murmura algo acerca de que a su esposo le hace falta mucho más de lo que tiene y después vuelve a reírse.

Se ríen porque es lo que uno hace cuando alguien dice que puede hacer lo imposible. Se ríen un poco *de* Dios y bastante *con* Dios, porque Dios también se está riendo. Entonces, con la sonrisa aún en su rostro, se dedica a hacer lo que mejor hace: lo increíble.

Cambia algunas cosas, empezando con sus nombres. Abram, el padre de uno, ahora será Abraham, el padre de una multitud. Sarai, la estéril, ahora será Sara, la madre.

Pero sus nombres no son las únicas cosas que cambia Dios. Él cambia sus mentes. Cambia su fe. Cambia el número de integrantes de su familia. Cambia su manera de definir la palabra *imposible*.

Pero sobre todo, cambia la actitud de Sara en lo referente a confiar en Dios. Si ella escuchara la declaración de Jesús acerca de ser pobre en espíritu, podría dar un testimonio: «Él tiene razón. Si hago las cosas a mi manera, consigo un dolor de cabeza. Si permito que Dios se encargue, consigo un hijo. Trate de figurarse eso. Lo único que sé es que soy la primera mujer del pueblo que paga a su pediatra con los cheques de jubilación».

Dos mil años más tarde, he aquí otro testimonio:[3]

«Lo último que quería hacer era pescar. Pero eso era exactamente lo que quería hacer Jesús. Yo había pescado toda la noche. Me dolían los brazos. Me ardían los ojos. Tenía el cuello dolorido. Lo único que deseaba hacer era ir a casa y dejar que mi esposa me masajeara hasta quitarme los nudos de la espalda.

»Fue una noche larga. No sé cuántas veces lanzamos la red a la oscuridad para escucharla golpear el mar. No sé cuántas veces sostuvimos la soga mientras la red se hundía en el agua. Toda la noche habíamos esperado sentir ese golpe, ese tirón que nos indicara que debíamos jalar para meter la pesca a la barca... pero nunca ocurrió. Al amanecer, estaba listo para ir a casa.

»Justo cuando estaba a punto de alejarme de la playa, noté una multitud que se acercaba a mí. Seguían a un hombre larguirucho que se desplazaba con un balanceo amplio y paso largo. Me vio y dijo mi nombre. "¡Buenos

3 Véase Lucas 5.1-11.

días, Jesús!" le respondí. Aunque estaba como a cien metros de distancia, podía ver su blanca sonrisa. "Qué multitud, ¿no?" exclamó, señalando a la masa que estaba detrás de Él. Asentí con la cabeza y me senté a observar.

»Se detuvo cerca de la orilla del agua y comenzó a hablar. Aunque no alcanzaba a escuchar mucho, podía ver bastante. Podía ver que venían cada vez más personas. Con tanta presión y empuje, es un milagro que a Jesús no lo hayan empujado al agua. Ya estaba con el agua hasta las rodillas cuando me miró.

»No lo pensé dos veces. Se metió a mi barca, y Juan y yo lo seguimos. Lo empujamos alejándonos un poco de la orilla. Me apoyé en la proa, y Jesús empezó a enseñar.

»Parecía que la mitad de Israel estaba en la playa. Los hombres dejaron su trabajo, las mujeres dejaron de lado sus tareas domésticas. Incluso reconocí a algunos sacerdotes. ¡Todos escuchaban! Apenas se movían, y sin embargo, sus ojos danzaban como si de algún modo lograran ver lo que podrían llegar a ser.

»Cuando Jesús terminó, se volvió hacia mí. Me puse de pie y empecé a levar el ancla cuando dijo: "Lleva la barca hacia la parte más profunda, Pedro. Pesquemos".

»Me quejé. Miré a Juan. Ambos pensábamos lo mismo. Mientras quisiera usar la barca como plataforma, era aceptable. Pero usarla como barca de pesca, ese territorio era *nuestro*. Estuve a punto de decirle a este carpintero-maestro: "Dedícate a predicar que yo me dedicaré a la pesca". Pero fui más educado: "Trabajamos toda la noche. No pescamos nada".

»Él sólo me miró. Yo vi a Juan. Juan estaba a la espera de mi indicación...

»Quisiera decir que lo hice por amor. Desearía poder decir que lo hice por devoción. Pero no puedo. Lo único que puedo decir es que hay un tiempo para preguntar y un tiempo para escuchar. De modo que tanto con un gruñido como con una oración salimos.

»Con cada golpe del remo, yo murmuraba. Con cada tirón de la paleta, me quejaba. "No hay manera. No hay manera. Imposible. Tal vez no sepa mucho, pero sé de pesca. Y lo único que traeremos de regreso serán unas redes mojadas".

»El ruido de la playa se iba alejando, y pronto lo único que se escuchaba era el golpe de las olas contra el casco. Finalmente bajamos el ancla. Levanté la pesada red, la sostuve a la altura de la cintura y empecé a lanzarla. Fue en ese momento que capté un vistazo de Jesús. Su expresión me detuvo en medio de la acción.

»Estaba inclinándose por la borda, mirando el agua donde estaba a punto de lanzar la red. Y, aunque no lo crea, estaba sonriendo. Una sonrisa como de muchacho empujaba sus mejillas hacia arriba y convertía sus ojos redondos en medias lunas, el tipo de sonrisa que uno ve cuando un niño entrega un obsequio a un amigo y lo observa mientras lo desenvuelve.

»Él notó que yo lo miraba e intentó ocultar la sonrisa, pero persistía. Apretaba las comisuras de sus labios hasta que apareció un destello de dientes. Me había dado un regalo y casi no podía contener su emoción mientras yo lo abría.

»"Qué desilusión va a recibir", pensé mientras lanzaba la red. Voló alto, extendiéndose al fondo del cielo azul y flotando hasta caer sobre la superficie para luego hundirse. Di una vuelta a la soga alrededor de mi mano y me acomodé para la larga espera.

»Pero no hubo espera. La soga se tensó de un tirón e intentó tirarme por la borda. Coloqué mis pies contra el costado de la barca y grité pidiendo ayuda. Juan y Jesús saltaron a mi lado.

»Logramos meter la red antes de que comenzara a romperse. Nunca había visto una pesca tal. Fue como dejar caer una bolsa de piedras en la barca. Empezamos a hacer agua. Juan gritó pidiendo ayuda a otra barca.

»Fue una escena bastante impresionante: cuatro pescadores en dos barcas, pescados hasta las rodillas y un carpintero sentado en nuestra proa, disfrutando del pandemonio.

»Fue allí que comprendí quién era Él. Y fue en ese momento que comprendí quién era *yo*: ¡Yo era quien le dijo a Dios lo que Él no podía hacer!

»"¡Apártate de mí, Señor; soy hombre pecador!" No había otra cosa que pudiese decir.

»No sé lo que vio en mí, pero no se apartó. Quizás pensó que si dejaba que me dijera cómo pescar, le permitiría que me dijese cómo vivir.

»Fue una escena que llegaría a ver muchas veces en los dos años siguientes, en los cementerios con los muertos, en las colinas con los hambrientos, en las tormentas con los aterrorizados, a los costados de los caminos con los enfermos. Los personajes irían cambiando, pero el lema no. Cuando nosotros decíamos: "No hay manera", Él decía: "A mi manera". Entonces aquellos que dudaban se atropellaban para lograr la bendición. Y Aquel que la daba saboreaba la sorpresa».

«Mi poder se muestra mejor en los débiles».[4]

Dios dijo esas palabras. Pablo las escribió. Dios dijo que más buscaba vasijas vacías que músculos fuertes. Pablo lo probó.

Antes de encontrarse con Cristo, Pablo había sido una especie de héroe entre los fariseos. Podría decirse que era una especie de Wyatt Earp. Mantenía la ley y el orden... o, mejor dicho, reverenciaba la ley y daba las órdenes. Las madres judías lo ponían como ejemplo de buen muchacho

---

4   2 Corintios 12.9, Versión popular.

judío. Le fue concedido el sitio de honor en el almuerzo del miércoles del Club de Leones de Jerusalén. Sobre su escritorio había un pisapapeles de «Quién es quién en judaísmo» y había sido elegido «La persona con más probabilidad de alcanzar éxito» por sus compañeros graduandos. Rápidamente se estaba estableciendo como el heredero forzoso de su maestro, Gamaliel.

Si hay tal cosa como una fortuna religiosa, Pablo la tenía. Era un billonario espiritual, nacido con un pie en el cielo, y él lo sabía:

> Si cualquier otro cree tener motivos para confiar en esfuerzos humanos, más tengo yo: circuncidado al octavo día, del pueblo de Israel, de la tribu de Benjamín, hebreo de hebreos; en cuanto a la ley, fariseo; en cuanto al celo, perseguidor de la iglesia; en cuanto a la justicia de la ley, intachable.[5]

De sangre azul y ojos salvajes, este joven celote estaba decidido a mantener la pureza del reino, y eso significaba mantener fuera a los cristianos. Marchaba por las campiñas como un general exigiendo que los judíos apartados saludasen la bandera de la madre patria o besaran a sus familias y despidieran sus esperanzas.

Todo esto se detuvo, sin embargo, en la orilla de una carretera. Armado de citaciones, esposas y una comitiva, Pablo iba rumbo a Damasco en camino a hacer un poco de evangelismo personal. Fue entonces cuando alguien prendió de golpe las luces del estadio, y oyó la voz.

Cuando descubrió de quién era la voz, su mandíbula golpeó contra el suelo, seguida de su cuerpo. Se preparó para lo peor. Sabía que todo había acabado. Sintió la soga al cuello. Olía las flores del carro fúnebre. Rogaba que la muerte fuese rápida e indolora.

Pero lo único que recibió fue silencio y lo primero de una vida de sorpresas.

---

5 Filipenses 3.4-6.

Acabó desorientado y confuso en un dormitorio prestado. Dios lo dejó allí durante unos días con los ojos cubiertos de escamas tan gruesas que sólo podía mirar a su interior. Y no le agradó lo que vio.

Se vio tal cual era, según sus propias palabras, el peor de los pecadores.[6] Un legalista. Un aguafiestas. Un fanfarrón que declaraba haber dominado el código de Dios. Un justiciero que pesaba la salvación en una balanza de platillos.

Fue entonces que lo encontró Ananías. No tenía mucho que ver, desfigurado y vacilante al cabo de tres días de agitación. El aspecto de Sarai tampoco decía mucho, ni el de Pedro. Pero lo que tienen en común los tres dice más que un volumen de teología sistemática. Pues cuando ellos se rindieron, Dios entró en escena, y el resultado fue un viaje en montaña rusa directamente al reino.

Pablo estaba un paso adelante del joven dirigente rico. Sabía que no debía negociar con Dios. No presentó excusa alguna; sólo suplicó misericordia. A solas, en la habitación, con sus pecados en su conciencia y sangre en sus manos, pidió ser lavado.

Vale la pena leer las instrucciones de Ananías a Pablo: «¿Qué esperas? Levántate, bautízate y lava tus pecados, invocando su nombre».[7]

No hizo falta que se lo dijesen dos veces. Saulo el legalista fue enterrado, y nació Pablo el libertador. Después de eso nunca volvió a ser el mismo. Tampoco el mundo lo fue.

Sermones conmovedores, discípulos consagrados y nueve mil kilómetros de camino. Si sus sandalias no sonaban, su pluma estaba escribiendo. Si no estaba explicando el misterio de la gracia, estaba articulando la teología que llegaría a determinar el curso de la civilización occidental.

Todas sus palabras podrían resumirse en una frase. «Predicamos a Cristo crucificado».[8] No es que no contara con

6   1 Timoteo 1.15.
7   Hechos 22.16.
8   1 Corintios 1.23.

otros bosquejos de sermones; lo que pasa es que no podía agotar el primero.

Lo absurdo de todo el asunto era lo que lo incentivaba a seguir. Jesús debió terminarlo en el camino. Debió dejarlo para los buitres. Debió enviarlo al infierno. Pero no lo hizo. Lo envió a los perdidos.

Pablo mismo lo calificaba de loco. Lo describía con expresiones tales como: «tropezadero» y «necedad», pero al final escogió llamarlo «gracia».[9]

Y defendió su lealtad inquebrantable diciendo: «El amor de Cristo nos constriñe».[10]

Pablo nunca hizo un curso de misiones. Nunca participó de una reunión de comité. Nunca leyó un libro sobre crecimiento de la iglesia. Sólo lo inspiraba el Espíritu Santo y estaba ebrio del amor que convierte en posible lo que es imposible: salvación.

El mensaje es cautivante: Muestre a un hombre sus fracasos sin Jesús, y el resultado puede ser hallado en la alcantarilla a la vera del camino. Déle religión sin recordarle su suciedad, y el resultado será arrogancia vestida en traje de tres piezas. Pero junte a los dos en un mismo corazón —logre que el pecado se encuentre con el Salvador y el Salvador con el pecado— y el resultado bien podría ser otro fariseo convertido en predicador que enciende al mundo.

Cuatro personas: el joven dirigente rico, Sara, Pedro, Pablo. Un curioso hilo hilvana a los cuatro: sus nombres.

A los tres últimos se los cambiaron: Sarai a Sara, Simón a Pedro, Saulo a Pablo. En cambio el primero, el joven, nunca se menciona por nombre.

9   1 Corintios 1.23; Efesios 2.8.
10   2 Corintios 5.14.

Quizás sea esa la explicación más clara de la primera bienaventuranza. El que se hizo famoso por sí mismo figura sin nombre. Pero los que invocaron el nombre de Jesús —y sólo su nombre— recibieron nombres nuevos y, además, vida nueva.

DICHOSOS...

LOS
QUE
LLORAN...

5

LA PRISIÓN DEL ORGULLO

En comparación con las celdas brasileñas, esta no estaba tan mal. Había un ventilador sobre la mesa. Cada una de las camas gemelas tenía un delgado colchón y una almohada. Había un inodoro y un lavatorio.

No, tan mal no estaba. Pero, por otro lado, no era yo quien debía permanecer allí.

Aníbal sí. Estaba ahí para quedarse.

Más sorprendente aun que su nombre era el hombre mismo. El ancla tatuada en su antebrazo simbolizaba su personalidad: hierro forjado. Su amplio tórax estiraba su camisa. El movimiento más leve de su brazo abultaba sus bíceps. Su rostro tenía aspecto de cuero tanto por la textura como por el color. Su mirada penetrante podía ampollar a un adversario. Su sonrisa era una explosión de dientes blancos.

Pero hoy la mirada penetrante se había ido y la sonrisa era forzada. Aníbal no se encontraba en las calles donde era el jefe; estaba en una cárcel donde era un prisionero.

Había matado a un hombre, un «delincuente del vecindario», como lo llamaba Aníbal, un adolescente inquieto que vendía marihuana a los niños en las calles y fastidiaba a todos con su hablar. Una noche, el vendedor de drogas se excedió con sus palabras y Aníbal decidió silenciarlo. Se había ido del bar atestado donde ambos habían discutido, fue a su casa, sacó una pistola de un cajón y regresó al bar otra vez. Aníbal entró y llamó al muchacho por su nombre. El vendedor de drogas se volteó justo a tiempo para recibir una bala en el corazón.

Aníbal era culpable. Punto. Su única esperanza era que el juez estuviese de acuerdo en que le había hecho un favor a la sociedad al desembarazarse de un problema del vecindario. En un mes sería sentenciado.

Conocí a Aníbal por medio de un amigo cristiano, Daniel. Aníbal había levantado pesas en el gimnasio de Daniel. Este le había regalado una Biblia y lo había visitado varias veces. Esta vez Daniel me llevó a él para hablarle acerca de Jesús.

Nuestro estudio se enfocó en la cruz. Hablamos acerca de la culpa. Acerca del perdón. Los ojos del asesino se suavizaron ante la idea de que aquel que mejor lo conoce es quien más lo ama. Su corazón fue tocado mientras hablábamos acerca del cielo, una esperanza que ningún verdugo podía quitarle.

Pero al empezar a tratar el tema de la conversión, el rostro de Aníbal empezó a endurecerse. La cabeza que antes se había inclinado hacia mí con interés, ahora se enderezó con cautela. A Aníbal no le agradó mi comentario de que el primer paso hacia Dios es reconocer la culpa. Le incomodaban frases como «Me he equivocado» y «perdóneme». Decir «Lo siento» no concordaba con su carácter. Nunca había retrocedido ante un hombre, y no estaba dispuesto a hacerlo ahora, aunque ese hombre fuese Dios.

En un último esfuerzo por vencer su orgullo, le pregunté:

—¿No quiere ir al cielo?

—Seguro —refunfuñó.

—¿Está listo?

Anteriormente quizás se hubiese jactado diciendo que sí, pero ya había escuchado demasiados versículos de la Biblia. Lo sabía bien.

Clavó la mirada en el piso de concreto durante un largo rato, meditando en la pregunta. Por un momento pensé que su corazón de piedra se resquebraba. Durante un segundo, pareció que el rudo Aníbal reconocería sus fracasos por primera vez.

Pero me equivoqué. Los ojos que se levantaron para encontrarse con los míos no estaban anegados de lágrimas; estaban airados. No eran los ojos de un pródigo arrepentido; eran los de un prisionero furioso.

—Está bien —dijo encogiéndose de hombros—. Me convertiré en uno de sus cristianos. Pero no espere que cambie mi manera de vivir.

La respuesta condicional me dejó un gusto amargo en la boca.

—Usted no es quien establece las reglas —le dije—. No se trata de un contrato que usted negocia antes de firmarlo. Es un regalo... ¡un regalo inmerecido! Pero para poder recibirlo, hace falta que reconozca que lo necesita.

—Está bien.

Pasó sus gruesos dedos por su cabello y se puso de pie.

—Pero no crea que va a verme en la iglesia los domingos.

Suspiré. ¿Cuántos golpes en la cabeza es necesario que reciba un hombre para que pida ayuda?

Al observar a Aníbal caminar de un lado a otro de la pequeña celda, comprendí que su verdadera prisión no estaba construida con ladrillos y argamasa, sino de orgullo. Había sido encarcelado dos veces. Una por asesinato y otra por obstinación. Una vez por su país y otra por sí mismo.

La prisión del orgullo. Para la mayoría de nosotros no ocurre de manera tan declarada como en el caso de Aníbal, pero las características son las mismas. El labio superior siempre está rígido. El mentón siempre protubera hacia adelante, y el corazón es igual de duro.

La prisión de orgullo se llena de hombres autosuficientes y mujeres decididos a levantarse por sí mismos, con los cordones de sus botas, aunque se caigan de nalgas. No importa lo que hayan hecho, ni a quién se lo hayan hecho, ni dónde acabarán; sólo importa que «Lo hice a mi manera».

Usted ha visto a los prisioneros. Ha visto al alcohólico que no reconoce su problema. O a la mujer que rehúsa hablar con alguien acerca de sus temores. Ha visto al hombre de negocios que se niega rotundamente a recibir ayuda, aun cuando sus sueños se desmoronen.

Tal vez lo único que necesita hacer para ver tal prisionero es mirar al espejo.

«*Si* confesamos nuestros pecados, Él es fiel y justo».[1] La palabra más grande en las Escrituras bien podría ser esa de dos letras, *si*. Pues la confesión de pecados —reconocer las fallas— es justamente lo que rehúsan hacer los prisioneros del orgullo.

Usted conoce el dicho:

«Bueno, tal vez no sea perfecto, pero soy mejor que Hitler y ¡por cierto más bondadoso que Idi Amin!»

«¿Yo, pecador? Pues sí, claro, de vez en cuando armo un alboroto, pero soy un tipo bastante bueno».

«Oiga, soy tan bueno como cualquier muchacho. Pago mis impuestos. Soy entrenador de un equipo de béisbol infantil. Incluso hago donaciones a la Cruz Roja. Tal vez Dios esté complacido de contar con alguien como yo en su equipo».

Justificación. Racionalización. Comparación. Estas son las herramientas del preso. Suenan bien. Son familiares. Incluso parecen estadounidenses. Pero en el reino, parecen vacías.

«Dichosos los que lloran»

---

1 1 Juan 1.9, énfasis mío.

Llorar por los pecados es una efusión natural de la pobreza de espíritu. La segunda bienaventuranza debería venir después de la primera. Pero no siempre ocurre eso. Muchos niegan su debilidad. Muchos saben que están equivocados, y sin embargo fingen estar bien. Como resultado, nunca saborean la exquisita pena del arrepentimiento.

De todas las sendas que llevan al gozo, esta debe ser la más extraña. La verdadera dicha, dice Jesús, empieza con una profunda tristeza.

«Dichosos los que están en dificultades y tienen la cordura necesaria para reconocerlo».[2]

¿Gozo a través del llanto? ¿Liberación a través de la rendición? ¿Libertad a través de la confesión?

¿Quiere un modelo? Déjeme presentarle uno.

Él era nitroglicerina; si lo tropezaba, estallaba. Se ganaba la vida con sus manos y se metía en problemas con su boca. En muchas maneras, tenía mucho en común con Aníbal. Si hubiese tenido un tatuaje, habría sido una gran ancla negra en su antebrazo. Si hubiesen tenido pegatinas para autos, el suyo habría expresado: «Yo no me enojo; me vengo».

Era el varón entre los hombres del mar de Galilea. Su familia lo llamaba Simón, pero su maestro lo llamaba «Rocky». Usted lo conoce como Pedro.

Y aunque es posible que no supiera todo lo que debía acerca del autocontrol, sí sabía una cosa acerca en cuanto a ser pescador. Sabía que no debía quedar atrapado en una tormenta...

Y esta noche, Pedro sabe que está en dificultades.

---

2   Bruner lo dice de manera admirable: «Dios ayuda a aquellos que no pueden ayudarse a sí mismos y ayuda a quienes tratan de ayudar a otros, pero en ninguna bienaventuranza ayuda a aquellos que piensan poder ayudarse a sí mismos[...] un concepto a menudo profano y antisocial». *The Christbook*, p. 152.

Los vientos rugen sobre el mar de Galilea como un halcón sobre una rata. Los relámpagos zigzaguean por el cielo oscuro. Las nubes vibran con el trueno. La lluvia suena y va aumentando en intensidad golpeando contra la cubierta hasta que todos los que están a bordo están empapados y tiritando. Olas de tres metros de altura los levantan para luego bajarlos de golpe con una fuerza que estremece los huesos.

Estos hombres empapados no parecen un equipo de apóstoles que está a sólo una década de cambiar al mundo. No tienen aspecto de ser un ejército que marchará hasta los confines de la tierra para cambiar el rumbo de la historia. No parecen ser una banda de pioneros que pronto pondrá al mundo patas arriba. No, más bien parecen un puñado de marineros temblorosos que se preguntan si la próxima ola será la última.

Y puede estar seguro de una cosa. El que tiene los ojos más abiertos es el que tiene los bíceps más grandes: Pedro. Ya ha visto estas tormentas. Ha visto los despojos de naufragio y los cuerpos hinchados que llegaban flotando hasta las costas. Sabe lo que puede hacer la furia del viento y de las olas. Y sabe que los momentos como este no son apropiados para tratar de destacarse; son momentos adecuados para solicitar ayuda.

Es por eso que cuando ve a Jesús caminar sobre el agua hacia la barca, es el primero en decir: «Señor, si eres tú, manda que yo vaya a ti sobre las aguas».[3]

Ahora bien, algunos dicen que esta declaración es un simple pedido de verificación. Pedro, sugieren ellos, desea probar que la persona que ven verdaderamente es Jesús y no cualquiera que salió a pasear cruzando un mar embravecido en medio de la noche. (Uno debe ser bien precavido, ¿no le parece?)

De modo que Pedro consulta sus notas, se quita los anteojos, despeja la garganta y formula una pregunta que

3 Mateo 14.28.

cualquier buen abogado plantearía: «Ejem, Jesús, si fuese tan amable de demostrar su poder y probar su divinidad mandándome a caminar sobre el agua con usted, le quedaría sumamente agradecido».

Eso no me resulta creíble. No creo que Pedro esté buscando una aclaración; creo que intenta salvar su pellejo. Tiene conciencia de dos realidades: Se está hundiendo y Jesús sigue a flote. No le toma mucho tiempo decidir dónde preferiría estar.

Quizás una interpretación más adecuada de su pedido sería: «Jeeeeeeeesús. ¡Si eres tú, sácame de aquí!»

«Ven» es la invitación.

Pedro no necesita que se lo repitan. No todos los días tiene uno oportunidad de caminar sobre el agua atravesando olas que son más altas que uno. Pero al quedar frente a las alternativas de muerte segura o vida posible, Pedro sabe qué quiere.

Los primeros pasos van bien. Pero luego andar otros sobre el agua se olvida de mirar a Aquel que lo había llevado hasta allí, y se hunde.

En este instante vemos la diferencia principal entre Aníbal y Pedro, la diferencia entre un hombre que esconde su problema y uno que lo reconoce.

Aníbal prefiere preocuparse más por su imagen que por su vida. Prefiere hundirse antes que permitir que sus amigos lo escuchen pedir ayuda. Prefiere hundirse «a su manera» antes que salvarse «a la manera de Dios».

En cambio, Pedro sabe que no debe mirarle los dientes a caballo regalado. Sabe que no le conviene morder la mano que puede salvarlo. Su respuesta quizás no tenga mucha categoría —es posible que no le asegure salir en la portada de *Gentleman's Quarterly* [Revista Trimestral de Caballeros] ni siquiera en la de *Sports Illustrated* [Deporte Ilustrado]—, pero logra sacarlo de aguas profundas:

«¡Sálvame!»

Y como Pedro prefiere tragar orgullo antes que agua, una mano atraviesa la lluvia y lo levanta.

El mensaje es claro.

Mientras Jesús sea una opción entre muchas, no es una alternativa. Mientras usted pueda llevar sus cargas por su cuenta, no necesita quien se las lleve. Mientras su situación no le produzca dolor, no podrá recibir consuelo. Mientras tenga la posibilidad de tomarlo o dejarlo, más vale que lo deje, porque no es posible tomarlo a medias.

Pero cuando llora, cuando llega al punto de sentir pena por sus pecados, cuando reconoce no tener otra alternativa que echar sobre Él todas sus cargas, y cuando verdaderamente no haya otro nombre que pueda invocar, entonces eche sobre Él todas sus cargas, pues estará esperando en medio de la tormenta.

...PORQUE RECIBIRÁN CONSUELO

6

TOQUES DE TERNURA

Ser padre es mejor que un curso de teología.

Dos niños de diez años se acercaron ayer a mi hija de cinco años en el ómnibus, le hicieron un mal gesto, y exigieron que se corriese.

Cuando llegué a casa del trabajo, me contó el asunto. «Tenía ganas de llorar, pero no lo hice. Simplemente me quedé sentada, asustada».

Mi impulso inmediato fue averiguar los nombres de los muchachos y golpear a sus padres en la nariz. Pero no lo hice. Hice algo más importante. Acomodé a mi hijita en mi regazo, la envolví en mis brazos y le dije que no se preocupara por esos matones porque su papá estaba aquí, y que me aseguraría de hacerles saber que si alguna vez esos bravucones se acercaban a mi princesa estarían arriesgando sus propias vidas, sí señor.

Y eso le bastó a Jenna. Bajó de un salto y salió corriendo.

Volvió unos minutos más tarde, llorando. Su codo estaba raspado.

La levanté y la llevé al baño para administrarle primeros auxilios. Trató de decirme lo que había sucedido.

—Yo ...snif, snif... estaba girando ...snif, snif... como un helicóptero ...snif, snif... y después me caaaaaíííííí —dijo llorando.

—Todo va a estar bien —le dije al sentarla sobre la mesada del baño.

—¿Me pondrás una curita®?

—Por supuesto.

—¿Una grande?

—La más grande.

—¿De verdad?

Estiré el adhesivo sobre la raspadura y levanté su brazo hasta el espejo para que pudiera ver su medalla de valentía.

—Vaya. ¿Puedo mostrarle a mamá?

—Por supuesto —sonreí.

Y fue suficiente para Jenna.

—Papá.

La voz provenía de otro mundo, el mundo de los despiertos. La ignoré y me quedé en el mundo del sueño.

—Papá —la voz era insistente.

Abrí un ojo. Andrea, nuestra hija de tres años, estaba junto a mi cama a pocos centímetros de mi cara.

—Papá, tengo miedo.

Abrí el otro ojo. Eran las tres de la mañana.

—¿Qué pasa?

—Necesito una *lintedna* en mi *cuadto*.

—¿Qué?

—Necesito una *lintedna* en mi *cuadto*.

—¿Por qué?

—*Podque* está *oscudo*.

Le dije que las luces estaban encendidas. Le dije que la lámpara estaba encendida y que la luz del pasillo también.

—*Pedo* papá —objetó—, ¿y si *abdo* mis ojos y no puedo *ved* nada?

—¿Podrías repetir eso?

—¿Qué pasa si *abdo* mis ojos y no puedo *ved* nada?

Justo cuando estaba por decirle que ese no era el mejor momento para hablar acerca de aflicciones, mi esposa irrumpió. Me explicó que hubo un problema con la luz alrededor de la medianoche y que Andrea debe haberse despertado en la oscuridad. Sin lámpara. Sin luz en el pasillo. Había abierto sus ojos y no había podido ver nada. Sólo oscuridad.

Hasta los corazones más duros se conmoverían ante la idea de un niño que se despierta en una oscuridad tan tenebrosa que no puede encontrar cómo salir de su habitación.

Salté de la cama, levanté a Andrea, saqué una linterna del lavadero, y la llevé a su cama. Mientras tanto le iba diciendo que mamá y papá estaban presentes y que no debía temer. La acomodé y le di un beso.

Y eso le bastó a Andrea.

Mi hija tiene los sentimientos heridos. Le digo que es especial.

Mi hija está herida. Hago lo que sea para que se sienta mejor.

Mi hija tiene miedo. No me duermo hasta que esté segura.

No soy un héroe. No soy una superestrella. No soy raro. Soy padre. Cuando un niño sufre, un padre hace lo que le parece natural. Ayuda.

Y después de ayudar, no le cobro. No le pido un favor a cambio. Cuando mi hija llora, no le digo que se ponga firme, se comporte de manera recia y mantenga el gesto adusto. Tampoco consulto un listado para preguntarle por qué se sigue raspando el mismo codo o por qué me despierta otra vez.

No soy genial, pero no es necesario serlo para recordar que un niño no es un adulto. No es necesario que uno sea un sicólogo infantil para saber que los niños están «en construcción». No es necesario que uno tenga la sabiduría de Salomón para darse cuenta de que en primer lugar ellos no pidieron estar aquí y que la leche derramada puede ser limpiada así como que los platos rotos pueden ser reemplazados.

No soy profeta, ni hijo de profeta, pero algo me dice que, en general, los momentos tiernos ya descritos son infinitamente más valiosos que cualquier cosa que pueda hacer yo al frente de una pantalla de computadora o de una congregación. Algo me dice que los momentos consoladores que doy a mi hija representan un costo muy pequeño para pagar a cambio del gozo de ver alguna vez a mi hija hacer por su hija lo que su padre hizo por ella.

Momentos consoladores de un padre. Como padre, puede decirle que son los momentos más dulces de mi día. Se presentan naturalmente. Con gusto. Gozosamente.

Si todo eso es verdad, si sé que uno de los privilegios de ser padre es consolar a un niño, ¿por qué entonces estoy tan poco dispuesto a permitir que mi Padre celestial me consuele?

¿Por qué se me ocurre que Él no querría escuchar mis problemas? («Son poca cosa comparados a la gente que muere de hambre en India».)

¿Por qué se me ocurre que está demasiado ocupado para atenderme? («Él debe ocuparse de todo el universo».)

¿Por qué creo que está cansado de escuchar siempre las mismas cosas?

¿Por qué pienso que protesta cuando ve que me acerco?

¿Por qué se me ocurre que revisa su lista cuando pido perdón y pregunta: «¿No le parece que está yendo a la fuente demasiadas veces con este asunto?»

¿Por qué creo que en su presencia tengo que hablar un lenguaje sagrado que no uso con nadie más?

¿Por qué se me ocurre que Él no le hará, en un instante, al padre de las mentiras lo que pensé hacerle a los padres de esos bravucones del ómnibus?

¿Pienso que sólo se expresaba en forma poética cuando me preguntó si las aves del cielo y la hierba del campo se preocupan? (No señor.) Y si ellos no lo hacen, ¿por qué se me ocurre que yo sí lo haré? (Esteee....)[1]

¿Por qué no le creo cuando dice: «Pues si ustedes, aun siendo malos, saben dar buenos regalos a sus hijos, ¿cuánto más su Padre que está en el cielo dará buenos regalos a los que le pidan?»[2]

¿Por qué no permito que mi Padre haga por mí lo que estoy más que dispuesto a hacer por mis propios hijos?

Sin embargo, estoy aprendiendo. Ser padre es mejor que un curso de teología. Ser padre me está enseñando que cuando me critican, me hieren o me asustan, hay un Padre que está dispuesto a consolarme. Hay un Padre que me sostendrá

hasta que me sienta mejor,
me ayudará hasta que pueda convivir con el dolor,
y que no se dormirá cuando sienta temor de
despertarme y ver la oscuridad.

Jamás.

Y eso me basta.

1 Mateo 6.28-33.
2 Mateo 7.11.

DICHOSOS...

**LOS
DE
CORAZÓN
HUMILDE...**

7

LA GLORIA DE LO COMÚN

Hay una palabra que describe la noche que Él vino: *común*.

El cielo era común. Una brisa ocasional agitaba las hojas y enfriaba el aire. Las estrellas eran diamantes que relucían sobre terciopelo negro. Escuadras de nubes flotaban frente a la luna.

Era una noche bella —una noche que valía la pena contemplar desde la ventana de su dormitorio para poder admirarla— pero no se podía decir que fuese excepcional. No había razón para esperar una sorpresa. Nada que mantenga despierta a alguien. Una noche común con un cielo común.

Las ovejas eran corrientes. Algunas gordas. Algunas flacas. Algunas con barrigas en forma de barril. Algunas con patas como palitos. Animales comunes. Su lana no era de oro. No hacían historia. Ningún ganador de premios. Eran simples ovejas, siluetas abultadas y dormidas en la ladera de una colina.

Y los pastores. Campesinos. Probablemente llevaban puesta toda la ropa que tenían. Olían a oveja y lucían igual de lanudos. Eran cuidadosos, dispuestos a pasar la noche con sus rebaños. Pero no encontrará sus cayados en un museo ni sus escritos en una biblioteca. Nadie les pedía su opinión respecto a la justicia social o la aplicación de la Tora. Eran desconocidos y simples.

Una noche común con ovejas comunes y pastores comunes. Y si no fuese por Dios, a quien le complace agregar un «detalle adicional» en el frente de lo común, la noche habría pasado inadvertida. Las ovejas habrían sido olvidadas y los pastores habrían dormido toda la noche.

Pero Dios danza en medio de lo corriente. Y esa noche bailó un vals.

El cielo negro estalló en fulgor. Árboles que daban sombra irrumpieron en claridad. Ovejas que estaban en silencio se convirtieron en un coro de curiosidad. En un instante, el pastor estaba dormido como una piedra, un momento después se restregaba los ojos con la mirada fija en el rostro de un extraterrestre.

La noche dejó de ser común.

El ángel vino de noche porque es el momento en que mejor se ven las luces y es cuando más se necesitan. Dios se presenta en lo común por la misma razón.

Sus herramientas más poderosas son las más sencillas.

Considere la vara de Moisés.[1] A esa altura de su vida, Moisés había sido pastor el mismo tiempo que príncipe, y se había acostumbrado a ello. Cuidando ovejas no se llevaba una vida tan activa como la que se vivía entre la realeza egipcia, pero tenía sus momentos especiales, sobre todo cuando Dios le habló a través de un arbusto que ardía y no se consumía. Dios le anunció que él era el hombre que liberaría a los israelitas. Moisés no estaba convencido de que era el hombre para esa tarea. Dios afirmó que lo importante no era quién era Moisés sino quién era Él. Y se propuso demostrarlo.

---

1 Véase Éxodo 4.1-4.

—Moisés —dijo la voz desde el arbusto—, echa en tierra tu vara.

Moisés, que había recorrido esta montaña durante cuarenta años, no se sentía agradado con la orden.

—Dios, tú sabes mucho acerca de tantas cosas, pero es posible que no sepas que por aquí, pues bien, uno no anda tirando su vara por ahí. Nunca se sabe cuando...

—Échala, Moisés.

Moisés la echó. La vara se convirtió en serpiente, y Moisés echó a correr.

—¡Moisés!

El viejo pastor se detuvo.

—Agarra la serpiente.

Moisés miró por encima de su hombro, primeramente a la serpiente y después al arbusto; luego respondió de la manera más valiente que pudo.

—¿Qué?

—Agarra la serpiente... por la cola. (A este punto Dios tuvo que estar sonriendo.)

—Dios, no es mi intención presentar objeciones. Es decir, tú sabes muchas cosas, pero aquí en el desierto, pues bien, uno no anda agarrando serpientes con frecuencia, y *nunca* se agarran las serpientes por la cola.

—¡Moisés!

—Sí, Señor.

En el momento que la mano de Moisés tocó la resbalosa serpiente, se endureció. Y Moisés levantó la vara. La misma vara que habría de levantar en la corte de Faraón. La misma vara que habría de levantar para dividir las aguas y guiar a dos millones de personas por un desierto. La vara que recordaría a Moisés que si Dios puede hacer que una vara se convierta en serpiente para luego volverse vara nuevamente, entonces es posible que pueda hacer algo con los corazones rebeldes y un pueblo de dura cerviz.

Quizás pueda hacer algo con lo común.

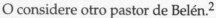

O considere otro pastor de Belén.[2]

Hay ciertas cosas que cualquiera sabe que no debe hacer. Uno no debe intentar enlazar un tornado. Ni enfrentarse a un león con un palillo. Uno no debe estornudar de frente al viento. Tampoco salir a cazar osos con una escopeta que dispara corchos. Y uno no debe enviar a un pastorcillo a luchar contra un gigante.

Es decir, no debe hacerlo a menos que se le acaben las alternativas. A Saúl se le acabaron. Y en ese momento que se acaban, es cuando estamos más preparados para las sorpresas de Dios.

¡Saúl sí que se sorprendió!

El rey trató de equipar un poco a David. «¿Qué quieres muchacho? ¿Coraza? ¿Espada? ¿Granadas? ¿Rifles? ¿Un helicóptero? Te convertiremos en un Rambo».

David pensaba en otra cosa. Cinco piedras lisas y una honda de cuero común y corriente.

Los soldados contuvieron el aliento. Saúl suspiró. Goliat se burló. David hizo girar la honda. Y Dios se expresó con claridad. «Cualquiera que subestime lo que puede hacer Dios con las cosas comunes tiene piedras en su cabeza».

¿Y el ciego que descubrieron Jesús y los discípulos?[3]

Los seguidores pensaron que era un gran caso de estudio teológico.

—¿Por qué piensas que es ciego? —preguntó uno.

—Debe haber pecado.

2   Véase 1 Samuel 17.
3   Véase Juan 9.1-6.

—No, la culpa es de sus padres.

—Jesús, ¿qué crees tú? ¿Por qué es ciego?

—Es ciego para mostrar lo que puede hacer Dios.

Los apóstoles sabían lo que se venía; habían visto anteriormente esa mirada en los ojos de Jesús. Sabían lo que iba a hacer, pero no sabían cómo lo haría. «¿Relámpagos? ¿Truenos? ¿Un grito? ¿Un aplauso?» Todos observaban.

Jesús empezó a mover un poco la boca. Los espectadores miraban fijamente. «¿Qué está haciendo?» Movía la mandíbula como si estuviese masticando algo.

Algunas de las personas comenzaron a inquietarse. Jesús seguía masticando. Su mandíbula hacía movimientos circulares hasta que tuvo lo que quería. Saliva. Saliva común y corriente.

Si nadie lo dijo, alguien lo debió pensar: «¡Puaj!»

Jesús escupió en el suelo, metió su dedo en la mezcla y la revolvió. Pronto se convirtió en un pastel de lodo, y untó un poco en los ojos del ciego.

El mismo que convirtió una vara en cetro y una piedra en misil, ahora convirtió saliva y lodo en bálsamo para la ceguera.

Una vez más, lo mundano se volvió majestuoso. Una vez más lo aburrido se volvió divino, lo simple santo. Una vez más el poder de Dios fue visto no a través de la habilidad del instrumento, sino por medio de su disponibilidad.

«Dichosos los de corazón humilde», explicó Jesús. Dichosos los que están dispuestos. Dichosos los conductos, los túneles, las herramientas. Delirantemente gozosos son aquellos que creen que si Dios ha usado varas, rocas y saliva para hacer su voluntad, puede entonces usarnos a nosotros.

Haríamos bien en aprender una lección de la vara, la roca y la saliva. No se quejaron. No cuestionaron la sabiduría de Dios. No sugirieron un plan alternativo. ¡Quizás la razón por la cual el Padre ha usado tantos objetos inanimados para su misión es porque ellos no le dicen cómo hacer su obra!

Es como la historia del barbero que se hizo pintor. Cuando le preguntaron por qué había cambiado de profesión, respondió: «Un lienzo no me dice cómo embellecerlo».

Tampoco lo hacen los de corazón humilde.

Es por eso que el anuncio fue primero a los pastores. Ellos no le preguntaron a Dios si estaba seguro de lo que hacía. Si el ángel se hubiese presentado a los teólogos, habrían consultado primeramente sus comentarios. Si se hubiese presentado a la élite, habrían mirado a su alrededor para ver si alguno estaba observando. Si se hubiese presentado a los triunfadores, primero habrían visto sus calendarios.

De modo que se presentó a los pastores. Hombres que no tenían una reputación que proteger ni intereses egoístas ni necesidad de escalar posiciones. Hombres que no sabían lo suficiente para decirle a Dios que los ángeles no le cantan a las ovejas y que los mesías no se encuentran envueltos en trapos durmiendo en pesebres.

Una pequeña catedral en las afueras de Belén marca el sitio que supuestamente es el lugar de nacimiento de Jesús. En la iglesia, detrás de un elevado altar, hay una cueva, una pequeña caverna iluminada por lámparas de plata.

Uno puede entrar al edificio principal y admirar la antigua iglesia. También puede entrar a la silenciosa cueva donde una estrella grabada en el piso reconoce el nacimiento del Rey. Existe, sin embargo, una cláusula. Es necesario agacharse. La puerta es tan baja que no es posible entrar erguido.

Lo mismo es cierto en el caso de Cristo. Es posible ver al mundo en posición erguida, pero para ver al Salvador, es necesario arrodillarse.

Así que...
    mientras los teólogos dormían,
        los de la élite soñaban
        y los triunfadores roncaban,
            los de corazón humilde
            estaban arrodillados.
Arrodillados delante de Aquel al que sólo verán los de
corazón humilde. Estaban arrodillados delante de Jesús.

...PORQUE
HEREDARÁN
LA
TIERRA

8

EL LADRÓN DEL GOZO

Era un ladrón profesional. Su nombre atemoriza como los vientos del desierto agitan las plantas. Aterrorizó a la empresa de diligencias Wells Fargo durante trece años, rugiendo como un tornado que entraba y salía de las Sierras Nevadas, espantando a los más rudos colonizadores de las zonas fronterizas. En los periódicos, desde San Francisco hasta Nueva York, su nombre se convirtió en sinónimo de peligro para la frontera.

Durante su imperio de terror, entre 1875 y 1883, se le acusó de robar las bolsas y el aliento de un total de veintinueve conjuntos de tripulantes. Y todo lo hizo sin disparar un solo tiro.

Su arma era su reputación. Su munición era la intimidación.

Una máscara le ocultaba el rostro. Ninguna víctima lo vio jamás. Ningún artista dibujó alguna vez sus facciones. Ningún sheriff pudo seguirle la pista. Nunca disparó un tiro ni se llevó un rehén. No tenía que hacerlo. Su presencia bastaba para paralizar.

Black Bart. Un bandido enmascarado que portaba un arma mortal.

Me recuerda a otro ladrón, uno que todavía anda dando vueltas. Usted lo conoce. Nunca ha visto su rostro. No le sería posible describir su voz ni dibujar su perfil. Pero cuando está cerca de usted, lo sabe en un instante.

Si alguna vez ha estado en el hospital, ha percibido el apergaminado roce de su mano contra la suya.

Si alguna vez ha tenido la sensación de que lo seguían, ha sentido su aliento frío sobre su nuca.

Si se ha despertado avanzada la noche en una habitación desconocida, fue el susurro áspero de él lo que le robó el sueño.

Usted lo conoce.

Fue el ladrón que le provocó el sudor de las palmas cuando se presentó a la entrevista de trabajo.

Fue el engañador que lo convenció para que cambiase su integridad por popularidad.

Y fue el desgraciado que le susurró al oído mientras se alejaba del cementerio: «Tal vez seas el próximo».

Es el Black Bart del alma. No desea su dinero. No desea sus diamantes. No le interesa su auto. Desea algo mucho más preciado. Quiere su paz mental, su gozo.

¿Su nombre?

Temor.

Su tarea es quitarle el valor y dejarlo tímido y tembloroso. Su *modus operandi* es manipularlo con misterios, provocarlo con lo desconocido. Temor a la muerte, temor al fracaso, temor a Dios, temor al mañana, su arsenal es vasto. ¿Su objetivo? Crear almas cobardes, carentes de gozo.

No quiere que usted viaje a la montaña. Supone que si logra alterarlo lo suficiente, usted desviará sus ojos de las cumbres y se conformará con una existencia monótona en las tierras bajas.

Una leyenda de India nos cuenta de un ratón que le tenía terror a los gatos hasta que un mago aceptó transformarlo en gato. Eso resolvió su temor... hasta que se encontró con un perro, así que el mago lo convirtió en perro. El ratón convertido en gato convertido en perro se sintió contento hasta toparse con un tigre... de modo que, otra vez, el mago lo convirtió en aquello que lo atemorizaba. Pero cuando el tigre se le presentó con la queja de que se encontró con un cazador, se negó a ayudarlo. «Te convertiré nuevamente en ratón, porque aunque tienes cuerpo de tigre, tu corazón sigue siendo de ratón».

¿Le parece familiar? ¿Cuántas personas conoce que han construido una apariencia formidable, pero por dentro siguen temblando de temor? Atacamos nuestras ansiedades adoptando la apariencia de un tigre. Nos enfrentamos a nuestros temores con fuerza. Poder militar, sistemas de seguridad, estrategias de defensa, todo eso refleja una convicción de que el músculo crea seguridad.

O si no usamos fuerza, probamos otros métodos. Acumulamos riquezas. Buscamos seguridad en las cosas. Cultivamos la fama y procuramos un nivel social.

Pero, ¿dan resultado estos métodos? ¿Pueden el poder, las posesiones o la popularidad liberarnos efectivamente de nuestros temores?

Si el poder hubiese sido capaz, José Stalin habría sido una persona libre de temores. Sin embargo, este infame primer ministro ruso temía ir a la cama. Tenía siete dormitorios diferentes. Cada uno podía cerrarse tan herméticamente como una caja fuerte. A fin de despistar a cualquier asesino potencial, dormía en una habitación distinta cada noche. Cinco limusinas con chofer lo trasladaban dondequiera que fuese, cada una con cortinas cerradas de modo que nadie pudiera saber cuál llevaba a Stalin. Sus temores estaban tan profundamente arraigados que empleaba a un sirviente cuya única tarea era vigilar y proteger sus bolsitas de té.[1]

---

1 Ian Grey, *Stalin*, Doubleday, Garden City, NY, 1979, p. 457, y Alex De Jonge, *Stalin and the Shaping of the Soviet Union* [Stalin y la formación de la Unión Soviética], William Morrow, New York, 1986, p. 450.

Si las posesiones conquistaran al temor, el fallecido billonario Howard Hughes no lo hubiese tenido. Pero es probable que usted conozca su historia. Su falta de confianza en la gente y la paranoia que le producían los gérmenes llevaron a este billonario a México, donde murió solo viviendo como un ermitaño cadavérico con una barba que le llegaba hasta la barriga y las uñas largas y retorcidas.[2]

¿Y qué pasa con la popularidad? La fama del Beatle John Lennon como cantante, autor e ídolo del pop lo convirtieron en una palabra de uso doméstico, pero sus temores le producían desdicha. Sus biógrafos lo describen como un hombre atemorizado, temeroso de dormir con las luces apagadas y de tocar cualquier cosa a causa de su suciedad.[3]

Aunque Stalin, Hughes y Lennon son casos extremos, son indicativos. «Aunque tienes cuerpo de tigre, tu corazón sigue siendo de ratón».

Comparen sus historias con la vida de un joven poco conocido, pero de gran valentía, llamado Paul Keating. Una fría noche de febrero de 1980, Keating, de veintisiete años, regresaba caminando a casa por el Greenwich Village de Manhattan cuando vio a dos asaltantes armados que robaban a un estudiante universitario. Keating, un amable y muy admirado fotógrafo de la revista *Time*, tenía motivos sobrados para evitar dificultades. No conocía al estudiante. Nadie sabía que había visto el delito. Lo superaban numéricamente. No tenía nada que ganar y mucho que perder, sin embargo saltó sobre los asaltantes. La víctima se escapó y corrió hasta un negocio de comidas cercano para solicitar ayuda. Momentos después, dos disparos retumbaron en la noche, y los asaltantes se alejaron corriendo. Paul Keating fue hallado muerto en el pavimento.

La ciudad de Nueva York le otorgó una medalla póstuma al heroísmo. Pienso que estará de acuerdo con el comen-

2 «The Secret Life of Howard Hughes» [La vida secreta de Howard Hughes], *Time*, 13 de diciembre de 1976, pp. 22-41.

3 «John Lennon: In the Hard Day's Light» [John Lennon: A la luz de un día agitado], *People Weekly*, 15 de agosto de 1989, pp. 68-69.

tario ofrecido por el Alcalde Edward Koch en la ceremonia: «Nadie vio a Paul Keating en la calle esa noche. Nadie lo obligó a dar un paso al frente en el momento de crisis. Lo hizo por lo que era».[4]

Bien expresado.

La valentía surge de lo que somos. Los apoyos externos pueden sustentar temporalmente, pero sólo el carácter interno crea valentía.

Y son justamente esas convicciones internas las que Jesús promueve en las Bienaventuranzas. Recuerde, Mateo 5 no es una lista de proverbios o una recopilación de dichos aislados, sino más bien una descripción detallada de cómo Dios reconstruye el corazón del creyente.

El primer paso es pedir ayuda, volverse «pobre en espíritu» y reconocer nuestra necesidad de un Salvador.

El siguiente es la tristeza: «Dichosos los que lloran». Aquellos que lloran son los que saben que están equivocados y piden disculpas. Sin excusas. Sin justificación. Sólo lágrimas.

Los primeros dos pasos constituyen reconocimiento de ineptitud y arrepentimiento del orgullo. El siguiente es de renovación: «Dichosos los de espíritu humilde». El reconocimiento de la debilidad conduce a la fuente de la fortaleza: Dios. Y la renovación viene cuando nos volvemos de espíritu humilde, cuando damos nuestra vida a Dios para ser su herramienta.

Las primeras dos bienaventuranzas nos pasan por el fuego de la purificación; la tercera nos coloca en las manos del Maestro.

¿El resultado de este proceso? Valentía: «Ellos heredarán la tierra». Ya no nos dominarán la tierra y sus temores, pues seguimos a Aquel que domina la tierra.

---

4 «In Praise of Courage» [Elogio al valor], *Quest*, Noviembre 1980, p. 23.

¿Le vendría bien un poco de valor? ¿Retrocede usted más de lo que se mantiene firme? De ser así, permita que el Maestro lo guíe nuevamente al tope de la montaña. Permita que le recuerde por qué no debe temer. Preste atención a la ocasión en la que Cristo disipó la agitación interna de sus nerviosos discípulos, y vea si sus palabras le sirven de ayuda.[5]

Debemos recordar que los discípulos eran hombres comunes a quienes se les asignó una tarea exigente. Antes de llegar a ser santos de vitrales en las catedrales, eran vecinos que intentaban ganarse la vida y criar una familia. No fueron cortados de fibra teológica ni criados con leche sobrenatural. Pero su devoción era un poco mayor que su temor, y como resultado hicieron algunas cosas maravillosas.

Sin embargo, nada habrían hecho, si no hubiesen aprendido a enfrentarse a sus temores. Jesús sabía eso. Es por ello que los animaba con sus palabras.

Los discípulos son enviados solos. Por un tiempo limitado entrarán a las ciudades y harán lo que Jesús hizo, pero sin Jesús. Él los reúne para darles las últimas instrucciones. Quizás los discípulos parezcan nerviosos, y tienen por qué estarlo. Lo que Jesús les dice incrementaría el ritmo del pulso de sus corazones.

Primero Jesús les dice que no lleven dinero de sobra ni ropa adicional en su viaje.

«¿Nada de dinero?»

Luego les asegura que los envía «como ovejas en medio de lobos».

«Ejem, ¿qué quieres decir, Jesús?»

Su respuesta no alienta. Les dice que serán llevados ante autoridades (¡qué!), serán flagelados (ay, ay, ay) y serán arrestados (quejido).

Y empeora antes que mejorar.

Jesús sigue describiendo el impacto que tendrá su misión en la gente: «El hermano entregará a la muerte al hermano,

5 Véase Mateo 10.1-28.

y el padre al hijo. Los hijos se rebelarán contra sus padres y harán que los maten. Todo el mundo los odiará por causa mía, pero el que se mantenga firme hasta el fin será salvo».[6]

Algunos ojos se cierran. Otros se abren más. Alguien traga saliva. Los pies cambian de posición. Alguien se seca la ceja. Y aunque nadie lo dice, usted sabe que lo están pensando: «¿Será muy tarde para salir de este asunto?»

Ese es el entorno del párrafo de Jesús acerca del valor. Tres veces en cinco versículos[7] dice: «No tengan miedo». Lea las palabras, vea su llamado y la causa del valor. Vea el motivo por el que debiera dormir bien esta noche:

«Así que, no los temáis; porque no hay nada encubierto que no haya de ser revelado, ni oculto, que no haya de saberse».[8]

Superficialmente, esas palabras parecerían un motivo de pánico en vez de una fuente de paz. ¿A quién de nosotros nos agradaría que se hiciesen públicos nuestros pensamientos secretos? ¿Quién querría que fuesen publicados nuestros pecados privados? ¿Quién se entusiasmaría ante la idea de que todos los actos equivocados que hemos cometido fuesen anunciados a todos?

Tiene razón, a nadie le gustaría. Pero se nos dice una vez tras otra que tal cosa *sucederá*:

No hay nada en toda la creación que esté oculto a la vista de Dios. Todo está al descubierto y expuesto a los ojos de aquel a quien hemos de rendir cuentas.

Él es quien revela lo profundo y lo escondido,
    conoce lo que está en tinieblas
    y la luz mora con Él.

Pero yo les digo que en el día del juicio los hombres tendrán que dar cuenta de toda palabra imprudente que hayan pronunciado.

6   Mateo 10.21-22.
7   Mateo 10.26-31.
8   Mateo 10.26.

Has puesto nuestras iniquidades delante de ti,
nuestros *pecados* secretos a la luz de tu presencia.

Él sacará a la luz lo que está oculto en la oscuridad y revelará los motivos del corazón de los hombres.[9]

Pensar en revelar lo que está oculto en mi corazón me produce emociones de vergüenza y humillación. He hecho cosas que no quiero que nadie sepa. He tenido pensamientos que nunca desearía que fuesen revelados. De modo que, ¿por qué señala Jesús al día de la revelación como una razón para tener *coraje*? ¿Cómo puedo obtener fuerza de lo que debiera ser un momento de angustia?

La respuesta se encuentra en Romanos 2.16. Deje escapar un suspiro de alivio mientras subraya las últimas cuatro palabras del versículo: «Esto sucederá el día en que Dios juzgará los secretos de los hombres *por medio de Jesucristo*».

¿Lo vio? Jesús es el filtro a través del cual Dios mira cuando juzga nuestros pecados. Ahora lea otro coro de versículos y concéntrese en la promesa que contienen:

Por lo tanto, ya no hay ninguna condenación para los que están en Cristo Jesús.

[Dios] justifica a los que tienen fe en Jesús.

Por medio de Él, todo el que cree es justificado de todo...

Perdonaré sus maldades,
y nunca más me acordaré de sus pecados.

Pues ustedes murieron, y ahora su vida está escondida con Cristo en Dios.[10]

---

9   Hebreos 4.13; Daniel 2.22 Biblia de las Américas; Mateo 12.36; Salmos 90.8 Biblia de las Américas; 1 Corintios 4.5.
10 Romanos 8.1, 3.26; Hechos 13.39; Hebreos 8.12; Colosenses 3.3.

Si usted está en Cristo, estas promesas no sólo son una fuente de gozo. También son la base del verdadero valor. Se le garantiza que sus pecados serán filtrados por, escondidos en, tamizados por el sacrificio de Jesús. Cuando Dios lo mira, no lo ve a usted; ve a aquel que lo rodea. Eso significa que el fracaso no es algo que deba preocuparlo. Su victoria está asegurada. ¿Cómo podría no ser valiente?

Imagínelo de esta manera. Piense que es un patinador sobre hielo en una competencia. Está en primera posición y le queda una ronda por hacer. Si se desempeña bien, el trofeo será suyo. Está nervioso, ansioso y asustado.

Luego, unos pocos minutos antes de que le toque actuar, su entrenador viene corriendo para comunicarle una noticia emocionante: «¡Ya ha ganado! Los jueces han evaluado los puntajes, y la persona que está en segunda posición no tiene posibilidad de alcanzarlo. Usted se ha avanzado mucho».

Al escuchar la noticia, ¿qué sentirá? ¡Total alegría!

¿Y cómo patinará? ¿Tímidamente? ¿Cautelosamente? Por supuesto que no. ¿Qué le parece con valentía y confianza? Con seguridad que sí. ¡Patinará como un campeón porque es un campeón! Escuchará el aplauso de victoria.

De aquí, las palabras que aparecen en Hebreos: «Entonces, hermanos, puesto que tenemos *confianza* para entrar al Lugar Santísimo por la sangre de Jesucristo[...] acerquémonos a Dios con corazón sincero, en *plena certidumbre* de fe».[11]

El punto es claro: la verdad triunfará. El Padre de la verdad ganará, y los seguidores de la verdad serán salvos.

Como resultado, Jesús dice, no teman:

Lo que os digo en la oscuridad, habladlo en la luz; y lo que oís al oído, proclamadlo desde las azoteas. Y no temáis a los que matan el cuerpo, pero no pueden matar el alma; más bien temed a aquel que puede hacer perecer tanto el alma como el cuerpo en el infierno.[12]

---

11 Hebreos 10.19, 22, *Biblia de las Américas*, énfasis mío.
12 Mateo 10.27-28, *Biblia de las Américas*.

Los temores de esta tierra no son tales. Todo el misterio es revelado. El destino final está garantizado. Responda a la gran pregunta de la eternidad, y los pequeños interrogantes de la vida adoptarán una perspectiva adecuada.

De paso, ¿recuerda a Black Bart? Resulta que él tampoco era digno de temor. Cuando las autoridades finalmente lograron dar con él, no encontraron un bandido sanguinario del Valle de la Muerte; hallaron un farmacéutico de modales moderados de Decatur, Illinois. El hombre que aparecía a caballo en los diarios tronando por las montañas, en realidad temía tanto a los caballos que se movilizaba hasta el lugar donde cometía su atraco y volvía del mismo en calesa. Era Charles E. Boles, el bandido que jamás disparó un tiro, porque nunca cargaba su arma.[13]

¿Hay algún falso enmascarado en su mundo?

---

13 Paul Harvey, *Paul Harvey's The Rest of the Story* [El resto de la historia de Paul Harvey], Bantam, New York, NY, 1977, p. 117.

DICHOSOS...

**LOS
QUE
TIENEN
HAMBRE Y
SED DE
JUSTICIA...**

9

UNA SED SACIADA

«**M**amá, tengo mucha sed. Necesito beber algo».

Susanna Petroysan escuchó los ruegos de su hija, pero nada podía hacer. Ella y Gayaney, de cuatro años, estaban atrapadas bajo un derrumbe de toneladas de concreto y acero. Junto a ellas en la oscuridad estaba el cuerpo de la cuñada de Susanna, Karine, una de las cincuenta y cinco mil víctimas del peor terremoto de la historia de la Armenia soviética.

La calamidad nunca golpea antes de entrar, y esta vez, había derribado la puerta.

Susanna había ido a la casa de Karine para probarse un vestido. Era el 7 de diciembre de 1988 a las 11:30 a.m. El sismo ocurrió a las 11:41. Se acababa de quitar el vestido y sólo tenía puestas las medias y una enagua cuando el apartamento del quinto piso comenzó a estremecerse. Susanna agarró a su hija, pero sólo alcanzó a dar unos pocos pasos antes de que el piso se abriera y se precipitara. Susanna, Gayaney y Karine cayeron en el sótano mientras alrededor de ellas se derrumbaba el edificio de apartamentos de nueve pisos.

«Mami, tengo sed. Por favor, dame algo».

No había nada que Susanna pudiese darle.

Estaba atrapada echada sobre su espalda. Un panel de concreto que estaba cuarenta y cinco centímetros por encima de su cabeza y un tubo de agua aplastado encima de sus hombros le impedían incorporarse. Tanteando en la oscuridad, encontró un frasco de mermelada de zarzamora que había caído al sótano. Le dio de comer a su hija todo el frasco. El segundo día se acabó.

«Mami, tengo tanta sed».

Susanna sabía que ella moriría, pero deseaba que su hija viviera. Encontró un vestido, quizás el que había venido a probarse, y le hizo una cama a Gayaney. Aunque el frío era intenso, se quitó las medias envolviendo con ellas a la niña para mantenerla abrigada.

Las dos permanecieron atrapadas durante ocho días.

Por causa de la oscuridad, Susanna perdió la noción del tiempo. Debido al frío, perdió el tacto en los dedos de las manos y de los pies. Por causa de su imposibilidad de movimiento, perdió la esperanza. «Sólo esperaba que llegara la muerte».

Empezó a tener alucinaciones. Sus pensamientos divagaban. Un sueño misericordioso ocasionalmente la liberaba del horror de su entierro, pero el sueño era breve. Siempre había algo que la despertaba: el frío, el hambre, o —casi siempre— la voz de su hija.

«Mami, tengo sed».

En algún momento de esa noche eterna, Susanna tuvo una idea. Recordó un programa de televisión acerca de un explorador en el Ártico que se estaba muriendo de sed. Su camarada se cortó la mano y le dio a su amigo su sangre.

«No tenía agua, ni jugo de frutas, ni líquido alguno. Fue entonces que recordé que tenía mi sangre».

Con sus dedos adormecidos del frío, tanteó hasta encontrar un pedazo de vidrio roto. Se hizo un corte en el dedo índice izquierdo y se lo dio a su hija para que lo chupara.

Las gotas de sangre no fueron suficientes. «Por favor, mami, más. Córtate otro dedo». Susanna no tiene idea de cuántas veces se cortó. Sólo sabe que si no lo hubiese hecho, Gayaney habría muerto. Su sangre era la única esperanza para su hija.

«Esta copa es el nuevo pacto en mi sangre», explicó Jesús, levantando el vino.[1]

La declaración debe haber dejado perplejos a los discípulos. Se les había enseñado la historia del vino de la Pascua. Simbolizaba la sangre del cordero con que los israelitas, que tiempo atrás eran esclavos en Egipto, pintaron los dinteles de las puertas de sus casas. Esa sangre había alejado a la muerte de sus hogares y salvado a sus primogénitos. Había ayudado a librarlos de las garras de los egipcios.

Durante miles de generaciones los judíos habían conmemorado la Pascua sacrificando corderos. Cada año la sangre era derramada y cada año se celebraba la liberación.

La ley exigía el derramamiento de la sangre de un cordero. Eso bastaba.

Bastaba para cumplir con la ley. Bastaba para satisfacer el mandato. Bastaba para justificar la justicia de Dios.

Pero no bastaba para quitar el pecado.

«Porque la sangre de los toros y de los machos cabríos no puede quitar los pecados».[2]

Los sacrificios ofrecían soluciones temporales, pero sólo Dios podía ofrecer la solución eterna.

Así que lo hizo.

Bajo los escombros de un mundo caído, se atravesó las manos. Entre los despojos del naufragio de una humanidad colapsada, se abrió el costado. Sus hijos estaban atrapados, por lo que dio su sangre.

---

1 Lucas 22.20.
2 Hebreos 10.4.

Era lo único que tenía. Sus amigos se habían ido. Su fuerza estaba menguando. A sus pies, habían echado suertes para repartirse sus posesiones. Incluso su Padre había apartado su rostro. Su sangre era lo único que tenía. Pero su sangre bastó.

«Si alguno tiene sed», dijo una vez Jesús, «venga a mí y beba».[3]

No nos resulta fácil reconocer nuestra sed. Hay fuentes falsas que calman nuestras ansias con azucarados tragos de placer. Pero llega un momento en que ello no satisface. Llega una hora oscura en la vida de cada uno en la que el mundo se derrumba y quedamos atrapados bajo el escombro de la realidad, ardiendo de sed y muriendo.

Algunos preferirían morir antes que reconocerlo. Otros lo reconocen y escapan a la muerte.

«Dios, necesito ayuda».

Así vienen los sedientos. Conformamos un grupo andrajoso, unidos por sueños rotos y promesas incumplidas. Fortunas que nunca fueron amasadas. Familias que nunca fueron fundadas. Promesas que nunca fueron cumplidas. Niños con los ojos abiertos de miedo atrapados en los sótanos de nuestros propios fracasos.

Y estamos muy sedientos.

No sed de fama ni de posesiones, ni de pasión ni de romance. Hemos bebido de esos estanques. Son agua salada en el desierto. No sacian... matan.

«Dichosos los que tienen hambre y sed de justicia[...]»

Justicia. Ahí está. Eso es lo que anhelamos. Estamos sedientos de una conciencia limpia. Deseamos hacer borrón y cuenta nueva. Anhelamos empezar de cero. Rogamos que llegue una mano y se introduzca en la oscura caverna de nuestro mundo haciendo por nosotros lo que nosotros mismos no podemos hacer: arreglarnos nuevamente.[4]

---

3 Juan 7.37.
4 «No basta que sólo deseemos justicia a menos que nos mueva una verdadera hambre de ella», St. Jerome, según cita de Bruner, *The Christbook* [El libro de Cristo], p. 142.

«Mami, tengo tanta sed», suplicaba Gayaney.

«Fue entonces que recordé que tenía mi propia sangre», explicó Susanna.

Entonces la mano fue cortada, la sangre derramada y la criatura salvada.

«Dios, tengo tanta sed», rogamos.

«Es mi sangre, la sangre del nuevo pacto», declaró Jesús, «derramada para librar a muchos de sus pecados».5

Entonces la mano fue atravesada,
la sangre derramada,
y los hijos salvados.

5   Mateo 26.28, PHILLIPS, traducción libre del inglés.

...PORQUE SERÁN SACIADOS

10

LA VIDA EN LA FOSA

Hace poco llevé a mis dos hijas mayores a Sea World [El mundo marino]. Mi esposa estaba de viaje, así que Jenna, Andrea y yo fuimos a pasar el día mirando cómo danzaban los delfines, se mecían las morsas y pataleaban los pingüinos.

Pasamos un día estupendo. Perros calientes. Helados. Ballenas de peluche. Juguetes, juguetes y juguetes. Las niñas saben que su papá no puede resistirse a un «Por favoooooor» de trece letras. Debí haberlo sabido. El tiempo promedio de interés en los parques de diversión es de doce minutos treinta y dos segundos. Después de eso viene:

—Papá, ¿me llevas esto? Me pesa demasiado.

—Te dije que no lo compraras si no podías llevarlo tú.

—Por favoooooor.

De modo que cuando finalizó el día cargaba dos juegos de lápiz con lapicera, un par de anteojos, un pingüino inflado, un diente de tiburón (con el resto del tiburón), un peluche tamaño real de «Shamu» la orca asesina, seis globos, y una tortuga viva. (Pues sí, estoy exagerando; sólo eran cinco los globos.) Agregue a eso el calor, el sarpullido causado por haber sido salpicado con agua salada, el helado que se chorreó por mi camisa, y ya estaba listo para un descanso.

Por eso me alegró ver la fosa de pelotas plásticas. Esta sola atracción basta para convencerlo que mantenga actualizado su pase de temporada. Es un pabellón grande, cubierto, sombreado, fresco y calmante. Debajo del toldo hay una fosa de un metro con veinte centímetros de profundidad que tiene el tamaño de una piscina en el fondo de una casa. Pero en lugar de estar lleno de agua, está cargada de pelotas... miles y miles de pelotas de plástico, coloridas y livianas.

En el centro de la fosa hay una especie de mesa que tiene unos agujeros por donde salen chorros de aire. Los niños se trepan por la fosa, agarran pelotas, las colocan sobre los agujeros y «¡Yupiiii!»... las pelotas vuelan.

La parte más maravillosa de la fosa es el área para los padres. Mientras los niños ruedan y saltan en las pelotas, los padres se sientan en el piso alfombrado que rodea la fosa, y descansan.

Mi hija mayor, Jenna, lo hizo muy bien. Se sumergía y enfilaba directamente hacia la mesa.

En cambio Andrea, de tres años de edad, tuvo algunas dificultades. Ni bien dio un paso en la fosa, se cargó los brazos de pelotas.

Ahora, es bastante difícil caminar por la fosa hundido en pelotas hasta la cintura con los brazos extendidos haciendo equilibrio. Y con los brazos cargados resulta *imposible*.

Andrea dio un paso y se cayó. Intentó incorporarse luchando sin soltar las pelotas. No podía hacerlo. Comenzó a llorar. Caminé hasta el borde de la fosa.

—Andrea —dije suavemente—, suelta las pelotas y podrás caminar.

—¡No! —gritó, mientras se sacudía y se sumergía debajo de las pelotas. Extendí mis brazos y la levanté. Seguía aferrada a su brazada de tesoros.

—Andrea —dijo su padre sabio y paciente—, si sueltas las pelotas, podrás caminar. Además, hay suficientes pelotas cerca de la mesa.

—¡No!

Dio dos pasos y se volvió a caer.

No se permite que los padres entren a la fosa. Intenté alcanzarla desde el borde, pero no podía. Estaba en algún punto debajo de las pelotas, así que hablé dirigiéndome hacia la zona donde se había caído.

—Andrea, suelta las pelotas para que te puedas levantar.

Vi que había movimiento debajo de las pelotas.

—¡Nooo!

—Andrea —dijo su padre un poco agitado—. Te sería posible levantarte si soltases las...

—¡¡¡¡¡Nooooo!!!!!

—Jenna, ven a ayudar a tu hermana para que se pueda levantar.

A esta altura los demás padres comenzaban a mirarme. Jenna se desplazó por el lago de pelotas hacia el lugar donde estaba su hermanita. Metió la mano dentro de la fosa e intentó ayudar a Andrea a incorporarse. Jenna no tenía la fuerza suficiente y Andrea no podía ayudar porque seguía aferrada a las mismas pelotas que había agarrado al principio.

Jenna se enderezó y mirándome, sacudió la cabeza.

—No la puedo levantar, papá.

—Andrea —dijo con fuerza su padre, cuya irritación iba en aumento—, ¡suelta las pelotas para que te puedas levantar!

El grito que venía de lo profundo de las pelotas sonaba apagado, pero claro.

—¡¡¡¡¡Nooooo!!!!!

«Maravilloso», pensé. «Ella tiene lo que quiere y seguirá aferrada aunque eso la mate».

—Jenna —dijo con firmeza su padre visiblemente enojado—. Quítale esas pelotas a tu hermana.

Jenna se zambulló, hurgando por las pelotas como un cachorro que cava en la tierra. Supe que había encontrado a su hermanita y que las dos luchaban a muerte cuando comenzaron a desplazarse olas de pelotas sobre la superficie de la fosa.

A esta altura los demás padres estaban susurrando y señalando. Miré con expresión de desaliento al empleado que vigilaba la fosa. Ni tuve que decir palabra.

—Entre —me dijo.

Me desplacé a través de las pelotas hasta donde estaban mis dos ángeles, las separé, puse una debajo de cada brazo, y las llevé hasta el centro de la fosa. Las dejé junto a la mesa (los demás niños se alejaron corriendo cuando me vieron venir). Después marché de regreso hasta el costado de la fosa y me senté.

Al contemplar a las niñas mientras jugaban con las pelotas, me pregunté: «¿Qué es lo que lleva a los niños a inmovilizarse aferrándose tan fuertemente a los juguetes?»

Sentí una punzada al aparecer una respuesta. «Sea lo que fuere, lo aprendieron de sus padres».

La determinación de Andrea de mantener agarradas esas pelotas no es nada comparado con la forma que tenemos de prendernos a la vida. Si usted piensa que era difícil la tarea de Jenna de quitarle las pelotas a su hermana Andrea, intente hacernos soltar nuestros tesoros terrenales. Trate de quitarle a una persona de cincuenta y cinco años su cuenta de jubilación. O trate de convencer a un joven profesional con exito para que ceda su BMW. O pruebe su suerte con el guardarropas de alguna persona fascinada por su vestuario. Por nuestra manera de aferrarnos a nuestras posesiones y centavos, se diría que no podemos vivir sin ellos.

Eso duele.

La promesa de Jesús es amplia: «Dichosos los que tienen hambre y sed de justicia, porque serán saciados».

Casi siempre obtenemos aquello de lo cual tenemos hambre y sed. El problema es que los tesoros de la tierra no satisfacen. La promesa es que los tesoros del cielo sí satisfacen.

Dichosos, entonces, los que sostienen sus posesiones terrenales en palmas extendidas. Dichosos los que, si todo lo que poseen les fuese quitado, a lo sumo les causaría un inconveniente, porque su verdadera riqueza está en otra parte. Dichosos los que dependen totalmente de Jesús para su gozo.

«Andrea», suplicaba su padre, «hay pelotas de sobra con las cuales poder jugar junto a la mesa. Concéntrate en caminar».

«Max», suplica el Padre celestial, «hay más riquezas de las que te puedas imaginar en la mesa del banquete. Concéntrate en caminar».

Nuestra resistencia a nuestro Padre es tan infantil como la de Andrea. Dios, por nuestro propio bien, intenta hacernos soltar algo que nos hará caer. Pero no aflojamos.

«No, no dejaré de acudir a mi encuentro de fin de semana para obtener gozo eterno».

«¿Cambiar una vida adicta a drogas y alcohol por una de paz y una promesa del cielo? ¿Está bromeando?»

«No quiero morir. No quiero un cuerpo nuevo. Quiero este. No me importa que esté gordo, se esté quedando pelado y su destino sea la descomposición. Quiero este cuerpo».

Y allí yacemos, sumergidos en la fosa, aferrados desesperadamente a las mismas cosas que nos causan aflicción.

Es asombroso que el Padre no se rinda.

DICHOSOS...

**LOS
COMPASIVOS,
PORQUE
SERÁN
TRATADOS
CON COMPASIÓN.**

11

EL PADRE FRENTE AL ENEMIGO

Veinticuatro de marzo de 1989. Una noche fría cerca de la costa de Alaska.

El capitán de un buque petrolero gritaba órdenes al contramaestre. Las órdenes no eran claras, la noche oscura y la colisión fue desastrosa. El buque petrolero *Exxon Valdez* encalló con fuerza en Bligh Reef, derramando once millones de galones de petróleo crudo en uno de los espejos de agua más pintorescos del mundo. El petróleo ennegreció todo, desde la superficie del mar a las playas, a las nutrias, a las gaviotas. Alaska estaba enfurecida, y Exxon, la compañía a quien pertenecía el petrolero, humillada.

La colisión, por terrible que haya sido, fue moderada si se la compara con las que ocurren a diario en nuestras relaciones. Usted lo ha vivido. Alguien no satisface sus expectativas. Promesas que no se cumplen. Se desenfundan las pistolas verbales, y se dispara una ronda de palabras.

¿El resultado? Una colisión entre el casco de su corazón y el arrecife de las acciones de alguno. Se escapa energía preciosa, cubriendo la superficie de su alma con una capa mortal de resentimiento. Un negro manto de amargura oscurece su mundo, nubla su vista, arruina su perspectiva y asfixia su gozo.

¿Tiene usted un hoyo en el corazón?

Quizás la herida sea vieja. Un padre que lo maltrató. Una maestra que lo menospreció. El compañero que le traicionó. Un socio comercial que le abandonó dejándolo ante la perspectiva de pagar cuentas o declararse en quiebra.

Y usted está enojado.

O quizás la herida es reciente. El amigo que le debe dinero acaba de pasar en un auto nuevo. El jefe que lo contrató con promesas de promociones ni recuerda cómo se pronuncia su nombre. Su círculo de amigos hizo una escapada de fin de semana y usted no fue invitado. Los hijos que crió parecen haber olvidado que existe.

Y está herido.

Una parte de usted está quebrantada, la otra amargada. Una parte suya quiere llorar, otra quiere pelear. Las lágrimas que derrama están calientes porque vienen de su corazón, y en él hay un fuego encendido. Es el fuego de la ira. Arde. Consume. Sus llamaradas lamen la caldera humeante de la venganza.

Y debe tomar una decisión. «¿Apago el fuego o lo avivo? ¿Supero el asunto o lo dejo? ¿Lo suelto o alimento el resentimiento? ¿Permito que se sanen mis heridas, o que el dolor se convierta en odio?»

Esa es una buena definición de resentimiento: Resentimiento es permitir que su dolor se convierta en odio. Resentimiento es permitir que aquello que lo carcome se lo coma a usted. Resentimiento es atizar, alimentar y aventar el fuego, avivando así las llamas y reviviendo el dolor.

Resentimiento es una decisión deliberada de alimentar la ofensa hasta convertirlo en un rencor negro, peludo y gruñón.

———◇———

Rencor es una de esas palabras que se autodefinen. Su sonido mismo delata su significado.

Dígala lentamente: «Rrrrr-eeen-corrr».

Empieza con un gruñido. «Rrr...» Como un oso con mal aliento que sale de hibernación o un perro sarnoso defendiendo su hueso en un callejón. «Rrrr...»

Estar cerca de una persona resentida y acariciar a un perro gruñón producen el mismo grado de placer.

¿Acaso no le encanta estar junto a personas que alimentan su rencor? ¿No le deleita escuchar sus cantinelas de desgracias? ¡Son tan optimistas! Tan llenas de esperanza. Rebosan de vida.

Usted sabe que no es así. Usted y yo sabemos, que si de algo rebosan es de enojo. Y si de algo están llenas, es de ponzoñosos dardos de condenación para todas las personas que las hayan lastimado. Los rencorosos y los animales furiosos se parecen mucho. Ambos son irritables. Son explosivos. Ambos pueden ser rabiosos. Alguien debiera fabricar un rótulo que pudiesen llevar al cuello los resentidos: «Cuidado con el Rrrrrencoroso».

Hay algo que usan los rencorosos. Lodo. No basta con acusar; es necesario atacar el carácter de la otra persona. No es suficiente señalar con el dedo; hay que apuntar con un rifle. Se lanzan calumnias. Se asignan apodos. Se cierran los círculos. Se levantan paredes. Y se crean enemigos.

Otro problema que se les presenta a los rencorosos es la porquería que deben atravesar laboriosamente. Lodo cenagoso. Resentimiento negro, espeso que llega hasta los tobillos y le quita vigor al paso. Nada de alegres saltos por las praderas. Nada de saludables subidas a la montaña. Únicamente día tras día de caminar en la tormenta, hombros inclinados contra el viento, pies arrastrándose en la porquería que la vida le ha entregado.

¿Es así como trata con sus heridas? ¿Está permitiendo que sus heridas se transformen en odios? De ser así, pregúntese: ¿Da resultado? ¿Su odio le ha servido de algo? ¿Su resentimiento le ha producido algún alivio, algo de paz? ¿Le ha otorgado gozo alguno?

Imagine que logre igualar los tantos. Suponga que se vengue de él. Que ella reciba lo que se merece. Que su furiosa fantasía logra su objetivo feroz y usted devuelve todo su dolor con intereses. Imagínese de pie sobre el cadáver de la persona que ha odiado. ¿Acaso ahora será libre?

La escritora de esta carta pensó que lo sería. Pensó que su venganza traería liberación. Pero descubrió que no.

Descubrí a mi esposo sosteniendo relaciones sexuales con otra mujer. Me juró que nunca volvería a suceder. Me rogó que lo perdonara, pero no podía... no quería hacerlo. Estaba tan amargada y era tan incapaz de tragarme mi orgullo que no podía pensar en otra cosa que no fuese venganza. Yo lo haría pagar y pagar caro. Me cobraría mi venganza.

Solicité el divorcio, pese a que mis hijos me rogaban que no lo hiciese.

Aun después del divorcio, mi esposo intentó reconquistarme durante dos años. Me negué a cualquier tipo de contacto con él. Él había dado el primer golpe; ahora se lo devolvía. Lo único que me interesaba era hacerle pagar.

Finalmente se dio por vencido y se casó con una hermosa y joven viuda que tenía un par de hijos pequeños. Comenzó a reconstruir su vida... sin mí.

Los veo ocasionalmente, y se ve tan feliz. Todos parecen estar felices. Y aquí estoy yo... una mujer solitaria, vieja y desdichada que permitió que su orgullo egoísta y necia obstinación arruinasen su vida.

La infidelidad es mala. La venganza también. Pero lo peor de todo es que, sin perdón, lo único que queda es la amargura.

El resentimiento es la cocaína de las emociones. Hace que nuestra sangre bombee y nuestro nivel de energía se eleve. Pero, al igual que la cocaína, exige dosis cada vez más grandes y más frecuentes. Hay un punto peligroso en el que el enojo deja de ser una emoción y se convierte en una fuerza impulsora. Una persona abocada a la venganza se va alejando cada vez más de la posibilidad de perdonar, pues carecer de enojo equivale a carecer de fuente de energía.

Eso explica por qué los amargados se quejan a cualquiera que los escuche. Eso ayuda a explicar la existencia del KKK y otras organizaciones de ese tipo. Los miembros de estos grupos alimentan mutuamente su enojo. Y es por eso que los resentidos a menudo parecen irrazonables. Son adictos a su amargura. No quieren rendir su enojo, pues hacerlo equivaldría a rendir su razón de vivir.

Quite al racista su fanatismo, y ¿qué le queda? Remueva la venganza del corazón del extremista, y su vida queda vacía. Extraiga el chauvinismo del machista radical, y ¿qué es lo que queda?

El resentimiento se parece a la cocaína en otra forma también. La cocaína puede matar al adicto. Y la ira puede matar al airado.

Puede matar físicamente. Se ha establecido una relación entre la ira crónica y el colesterol elevado, la presión alta y otros males mortales. Puede matar emocionalmente, por el hecho de que puede elevar los niveles de ansiedad y llevar a la depresión.[1] Y también puede resultar espiritualmente fatal. Produce la sequía y muerte del alma.

El odio es un perro rabioso que se vuelve contra su propio dueño. La venganza es un fuego abrasador que consume al incendiario. La amargura es un lazo que atrapa al cazador.

Y la compasión es la alternativa que puede liberarlos a todos.

---

1 Archibald Hart, *The Hidden Link between Adrenalin and Stress* [El eslabón perdido entre la adrenalina y el estrés], Word, Waco, TX, 1986, pp. 101, 142-45.

«Dichosos los misericordiosos», dijo Jesús en la montaña. Los que son compasivos hacia otros son los que son verdaderamente dichosos. ¿Por qué? Jesús respondió a esa pregunta: «Porque ellos alcanzarán misericordia».

Los misericordiosos, dice Jesús, son tratados con compasión. Son testigos de gracia. Son dichosos porque atestiguan una bondad mayor. Perdonar a otros nos permite ver cómo Dios nos ha perdonado a nosotros. La dinámica de dar gracia es la clave para comprender la gracia, pues es al perdonar a otros que comenzamos a sentir lo que siente Dios.

Jesús contó la historia de un rey que decidió ajustar todas sus cuentas con los que trabajaban para él.[2] Citó a sus deudores y les dijo que pagaran. Un hombre debía una cantidad demasiado grande para devolver... una deuda que nunca podría ser saldada. Pero cuando el rey vio al hombre y escuchó su historia, su corazón se compadeció, y borró su deuda.

Al alejarse dicho hombre del predio del palacio, se encontró con un compañero de trabajo que le debía una suma pequeña. Agarró al deudor y comenzó a estrangularlo, exigiendo el pago. Cuando el hombre pidió compasión, esta le fue negada. En lugar de eso, el que acababa de ser perdonado hizo echar a la cárcel a la persona que le debía.

Cuando el rey se enteró, se enfureció. Y Jesús dice: «Y enojado su señor lo entregó a los carceleros para que lo torturaran hasta que pagara todo lo que debía».[3]

¿Podría verdaderamente ocurrir que a alguno se le perdonase una deuda de millones y éste fuese incapaz de perdonar una de cientos? ¿Podría una persona ser liberada para luego encarcelar a otra?

No es necesario que sea un teólogo para responder a esas preguntas; sólo basta mirar al espejo. ¿Quién de nosotros no ha suplicado a Dios el domingo pidiendo compasión para luego exigir justicia el lunes? ¿Quién no ha servido de

2 Mateo 18.21-35.
3 Mateo 18.34.

traba en lugar de ser un conductor del amor de Dios? ¿Existe alguno que no haya en una ocasión u otra despreciado «las riquezas de su bondad, de su tolerancia y de su paciencia, sin dar[se] cuenta de que la bondad de Dios [le] lleva al arrepentimiento»?[4]

Note lo que hace Dios cuando calibramos nuestra compasión. Nos entrega para ser torturados. Torturados por la ira. Estrangulados por la amargura. Consumidos por la venganza.

Tal es el castigo para el que gusta de la gracia de Dios pero se niega a darla a otros.

Pero para el que gusta de la gracia de Dios y luego la da a otros, la recompensa es una bendita liberación. La puerta de la prisión se abre de par en par, y el prisionero que sale libre es usted.

A principios de este libro mencioné a Daniel, un querido amigo de Brasil. (Daniel fue el que me llevó a la prisión para conocer a Aníbal.)

Daniel es grande. Solía ganarse la vida levantando pesas y enseñando a otros cómo hacer lo mismo. Su álbum de recuerdos es colorido, contiene cintas y fotos de él en su mejor momento, en pose de hombre musculoso haciendo flexiones con sus brazos abultados.

Lo único que es más grande que los bíceps de Daniel es su corazón. Permítame que le cuente acerca de una época en la que su corazón se volvió tierno.

Daniel vivía en la ciudad sureña de Porto Alegre. Trabajaba en un gimnasio y soñaba con poseer uno propio. El banco aceptó financiar la compra si podía encontrar a alguien que le sirviera de garante. Su hermano aceptó.

Llenaron todas las solicitudes y aguardaron la aprobación. Todo marchó sin dificultades, y en poco tiempo Daniel recibió una llamada del banco diciéndole que podía pasar a retirar el cheque. En cuanto salió del trabajo, fue al banco.

4   Romanos 2.4.

Cuando el agente de crédito vio a Daniel, puso expresión de sorpresa y le preguntó por qué había venido.

—A buscar el cheque —explicó Daniel.

—Qué extraño —respondió el banquero—. Su hermano pasó más temprano. Retiró el dinero y lo usó para cancelar la hipoteca de su casa.

Daniel estaba furioso. Nunca se imaginó que su propio hermano lo engañaría de esa manera. Salió como una tromba hasta la casa de su hermano y golpeó con fuerza la puerta. El hermano abrió la puerta con su hija en brazos. Sabía que Daniel no lo golpearía si tenía en brazos a una niña.

Tenía razón. Daniel no lo golpeó. Pero prometió a su hermano que si alguna vez volvía a verlo le quebraría el cuello.

Daniel se fue a casa con su gran corazón herido y devastado por el engaño de su hermano. No le quedaba otra alternativa que volver al gimnasio y trabajar para saldar la deuda.

Unos meses más tarde, Daniel conoció a un joven misionero estadounidense llamado Allen Dutton. Allen se hizo amigo de Daniel y le habló de Jesucristo. Daniel y su esposa pronto se convirtieron en cristianos y discípulos devotos.

Pero a pesar de que a Daniel se le había perdonado tanto, igualmente le resultaba imposible perdonar a su hermano. La herida era profunda. La caldera de la venganza seguía hirviendo a fuego lento. No vio a su hermano durante dos años. Daniel no soportaba la idea de mirar al rostro del que lo había traicionado. Y su hermano sentía demasiado aprecio por su rostro como para permitir que lo viera Daniel.

Pero un encuentro era inevitable. Ambos sabían que a la larga se encontrarían. Y ninguno sabía lo que ocurriría en ese momento.

El encuentro ocurrió un día en una avenida muy transitada. Permita que sea Daniel el que le cuente lo sucedido con sus propias palabras:

Lo vi, pero él no me vio. Sentí que mis manos se cerraban formando puños y mi cara se puso caliente. Mi impulso inicial fue tomarlo por el cuello y estrangularlo.

Pero al mirar su rostro, mi enojo empezó a disiparse. Pues al verlo, vi la imagen de mi padre. Vi los ojos de mi padre. La mirada de mi padre. La expresión de mi padre. Y al ver a mi padre en su rostro, mi enemigo volvió a ser mi hermano.

Daniel se dirigió hacia él. El hermano se detuvo, giró y comenzó a correr, pero era demasiado lento. Daniel extendió el brazo y lo tomó del hombro. El hermano retrocedió, esperando lo peor. Pero en lugar de que su cuello fuese retorcido por las manos de Daniel, se encontró envuelto en los grandes brazos de Daniel. Y los dos hermanos quedaron parados en medio del río de gente, llorando.

Vale la pena repetir las palabras de Daniel: «Cuando vi en su rostro la imagen de mi padre, mi enemigo se convirtió en mi hermano».

Ver la imagen del padre en el rostro del enemigo. Inténtelo. La próxima vez que vea a, o piense en el que le rompió el corazón, mire dos veces. Al mirarle el rostro, busque también el rostro de Él... el rostro de Aquel que lo perdonó a usted. Contemple los ojos del Rey que lloró cuando usted suplicó pidiendo compasión. Contemple el rostro del Padre que le concedió gracia cuando ningún otro le daba una oportunidad. Encuentre el rostro del Dios que perdona en el rostro de su enemigo. Y después, sabiendo que Dios lo ha perdonado más de lo que usted alguna vez deba perdonar en otro, otorgue a su enemigo —y a usted— la libertad.

Y permita que el hoyo en su corazón se sane.

DICHOSOS...

LOS
DE CORAZÓN
LIMPIO...

12

EL ESTADO DEL CORAZÓN

Aún puedo recordar la primera vez que vi uno. Había ido a trabajar con mi papá... una gran emoción para un niño de diez años cuyo padre trabajaba en los campos petroleros. Me senté en la cabina de la camioneta tan erguido como me era posible, esforzándome por ver la interminable planicie del oeste de Texas. Las tierras eran planas y predecibles, nada de lo que ofrecían superaba la altura de los bombeadores y de los molinos de viento. Quizás por eso el aspecto de la cosa era tan colosal. Sobresalía en el horizonte como una ciudad de ciencia ficción.

«¿Qué es eso?»

«Es una refinería», respondió papá.

Una jungla de caños, tanques, tubos y generadores... calentadores, bombas, caños, filtros, válvulas, mangueras, conductos, interruptores, circuitos. Parecía un equipo gigante de juguete.

La función de ese laberinto de maquinaria se define por su nombre: Refina. Gasolina, aceite, sustancias químicas... la refinería toma lo que venga y lo purifica para que esté listo para salir.

La refinería hace para el petróleo y otros productos lo que su corazón debería hacer para usted. Saca lo malo y utiliza lo bueno.

Tendemos a ver el corazón como el centro de la emoción. Hablamos de «corazonadas», «corazones heridos», «corazones rotos».

Pero cuando Jesús dijo: «Dichosos los de corazón limpio», se refería a un contexto diferente. Para los que oían a Jesús, el corazón era la totalidad de la persona interior: la torre de control, la cabina de comando. El corazón era considerado el centro del carácter: el origen de los deseos, los afectos, las percepciones, los pensamientos, el razonamiento, la imaginación, la conciencia, las intenciones el propósito, la voluntad y la fe.

Por tal razón es que un proverbio exhortaba: «Sobre toda cosa guardada, guarda tu corazón; porque de él mana la vida».[1]

Para la mente hebrea, el corazón es como un cruce importante de autopistas donde convergen todas las emociones, los prejuicios y la sabiduría. Es una oficina de cambios que recibe vagones cargados de estados de ánimo, ideas, emociones y convicciones y los ubica en el carril correspondiente.

Y del mismo modo que un aceite de baja calidad o una gasolina impura lo llevaría a cuestionar el desempeño de una refinería, las malas acciones y pensamientos impuros nos hacen cuestionar el estado de nuestros corazones.

Pero lo que sale de la boca, del corazón sale, y esto «contamina» al hombre. Porque del corazón salen los malos pensamientos, los homicidios, los adulterios, las fornicaciones, los hurtos, los falsos testimonios, las blasfemias.[2]

El hombre bueno, del buen tesoro de su corazón saca lo bueno; y el hombre malo, del mal tesoro de su corazón saca lo malo; porque de la abundancia del corazón habla la boca.[3]

1 Proverbios 4.23.
2 Mateo 15.18-19.
3 Lucas 6.45.

Estos versículos afirman la misma verdad: El corazón es el centro de la vida espiritual. Si el fruto de un árbol es malo, uno no trata de arreglar el fruto; lo que se hace es tratar las raíces. Y si las acciones de una persona son malas, no basta con cambiar los hábitos; es necesario profundizar. Hay que llegar al corazón del problema, el cual es el problema del corazón.

Es por esto que es tan crítico el estado del corazón. ¿En qué estado se encuentra el suyo?

Cuando alguien le ladra, ¿usted le devuelve el ladrido o se muerde la lengua? Eso depende del estado de su corazón.

Cuando su horario está demasiado lleno o su lista de cosas para hacer está demasiado larga, ¿pierde la calma o la mantiene? Eso depende del estado de su corazón.

Cuando le ofrecen un bocadillo de chisme pasado por calumnia, ¿lo rechaza o lo comunica a otro? Eso depende del estado de su corazón.

¿Usted ve a la pordiosera de la calle como una carga para la sociedad o como una oportunidad para Dios? Eso, también, depende del estado de su corazón.

El estado de su corazón determina si usted alberga rencor o concede gracia, busca autocompasión o busca a Cristo, bebe miseria humana o gusta de la misericordia de Dios.

No causa sorpresa, entonces, que el sabio suplique: «Sobre toda cosa guardada guarda tu corazón».

La oración de David debiera ser la nuestra: «Crea en mí, oh Dios, un corazón limpio».[4]

Y la declaración de Jesús parece cierta: «Dichosos los de corazón limpio, porque ellos verán a Dios».

Nótese el orden de esta bienaventuranza: *primeramente*, purifique el corazón, *después* verá a Dios. Limpie la refinería, y el resultado será un producto puro.

Casi siempre invertimos el orden. Tratamos de cambiar el interior mediante la alteración del exterior. Permítame darle un ejemplo.

4   Salmo 51.10.

———————◇———————

Cuando mi familia vivía en Río de Janeiro, yo tenía un radio transmisor. Lo guardaba en el cuarto donde estaban los electrodomésticos, encima del congelador. Cuando viajábamos, siempre desenchufaba el radio y desconectaba la antena.

Una vez, cuando nos íbamos de viaje por una semana, recordé que no había desenchufado el radio. Volví corriendo a la casa, tiré del cable y volví a salir.

Pero tiré del cable equivocado. Desenchufé el congelador. Era verano, y el verano en Río da nuevo significado a la palabra *caliente*. Nuestra vivienda estaba en la parte superior de un edificio de apartamentos de catorce pisos, lo cual agrega otro grado de intensidad a la palabra *caliente*. Durante siete días, entonces, un congelador lleno de comida permaneció desconectado en una vivienda abrumada de calor. (¿Por qué gruñe?)

Cuando llegamos a casa, Denalyn decidió sacar un poco de carne del congelador. Al abrir la puerta... bueno, no voy a dar detalles de lo que vio, pero sí diré que fue una experiencia conmovedora.

¿Adivine quién fue señalado como el culpable de haber desconectado el congelador... y por lo tanto el responsable de hacer la limpieza? Lo adivinó. Así que me puse a trabajar.

¿Cuál es la mejor manera de limpiar un interior podrido? Sabía exactamente lo que debía hacer. Conseguí un paño y un balde de agua enjabonada y empecé a limpiar el exterior del aparato. Estaba seguro de que el olor desaparecería con un buen lustrado, así que limpié, lustré y pulí. Cuando acabé, el congelador podría haber aprobado una inspección de reclutas de la Marina. Estaba reluciente.

Pero al abrir la puerta, el congelador me revolvía el estómago.

(Usted se preguntará: «¿Qué clase de tonto haría semejante cosa?» Siga leyendo y se enterará.)

Ningún problema, pensé. Sabía qué hacer. Este congelador necesita algunos amigos. Yo también apestaría si tuviese la vida social de una máquina en un cuarto de electrodomésticos. Así que, hice una fiesta. Invité a todos los electrodomésticos de las cocinas del barrio. Fue una tarea difícil, pero llenamos nuestro apartamento de refrigeradores, estufas, microondas y lavarropas. Fue una fiesta fantástica. Un par de tostadoras se conocían de la tienda de electrodomésticos. Todos jugaron a ponerle el enchufe al tomacorriente y dedicaron algunas risas a las garantías limitadas. Pero las licuadoras fueron las que causaron mayor sensación; tenían gran habilidad para la mezcla.

Estaba seguro de que la interacción social curaría el interior de mi congelador, pero me equivoqué. Lo abrí, ¡y el hedor era aun peor!

¿Y ahora qué?

Se me ocurrió una idea. Si el pulido no lo lograba y una vida social no era de ayuda, ¡daría al congelador algo de status!

Compré un rótulo adhesivo de Mercedes Benz y lo pegué a la puerta. Le pinté una corbata colorida con pequeños dibujos en el frente. Le pegué un adhesivo para autos en la parte posterior que decía «Salvemos a las ballenas», y le instalé un teléfono celular en el costado. Ese congelador tenía clase. Estaba a la moda. Tenía... estilo. Lo salpiqué con colonia y le di una tarjeta de crédito para darle importancia.

Después retrocedí para poder admirar al congelador de clase alta. «Hasta es posible que logres salir en la tapa de la revista *Mecánica popular*», le dije. Se sonrojó. Después abrí la puerta esperando ver un interior limpio, pero lo que vi estaba putrefacto... un interior oloroso y repulsivo.

Sólo se me ocurría una posibilidad más. ¡Mi congelador necesitaba placer de alto voltaje! Inmediatamente le compré algunas revistas *Playfrigerador*... la publicación que muestra congeladoras con sus puertas abiertas. Alquilé algunas películas de electrodomésticos sensuales. (Mi preferida era *The Big Chill* [La gran helada].) Incluso traté de conseguirle una cita con la Westinghouse de al lado, pero ella lo trató con frialdad.

Después de unos días de diversión electrizante a altas horas, abrí la puerta. Y casi me enfermé.

Ya sé lo que está pensando. Lo único que es peor que el humor de Max es su sentido común. ¿Quién se concentraría en el exterior cuando el problema está por dentro?

¿De veras desea saberlo?

Un ama de casa lucha con la depresión. ¿Qué solución le sugiere una amiga bien intencionada? Compra un vestido nuevo.

Un esposo está involucrado en una relación extramatrimonial que le da tanta culpa como aventura. ¿La solución? Cambie de grupo. ¡Júntese con gente que no le haga sentir culpable!

Un joven profesional está plagado de soledad. Su obsesión por el éxito lo ha dejado sin amigos. Su jefe le da una idea: Cambie su estilo. Consígase un nuevo corte de cabello. Haga alarde de su dinero.

Un caso tras otro que ilustra el tratamiento por fuera mientras se ignora lo de adentro... pulir el estuche ignorando el interior. ¿Y cuál es el resultado?

El ama de casa adquiere un vestido nuevo, y desaparece la depresión... por un día, tal vez. Después regresa la sombra.

El esposo encuentra un montón de amigos que justifican su adulterio. ¿El resultado? Paz... hasta que se aleja la multitud. Luego vuelve la culpa.

El joven profesional logra un nuevo estilo y la gente lo nota... hasta que cambia la moda. Después tiene que salir corriendo a comprar más cosas para que su aspecto no sea anticuado.

El exterior pulido; el interior corroído. Lo de afuera cambiado; lo de adentro fallando. Una cosa queda clara: Los cambios cosméticos sólo son a nivel de la piel.

A esta altura podría escribir el mensaje de la bienaventuranza. El mensaje es claro: Usted cambia su vida mediante el cambio de su corazón.

¿Cómo cambia su corazón? Jesús dio el plan en la montaña. Aléjese un poco de las bienaventuranzas una vez más y contémplelas en secuencia.

El primer paso es un reconocimiento de pobreza: «Dichosos los pobres en espíritu» La alegría de Dios no es recibida por aquellos que se la ganan, sino por los que reconocen *no* ser merecedores de ella. El gozo de Sara, Pedro y Pablo vino cuando se rindieron, cuando rogaron por un guardacostas en lugar de una lección de natación, cuando buscaron un salvador en lugar de un sistema.

El segundo paso es la tristeza: «Dichosos los que lloran» El gozo viene para los que están sinceramente arrepentidos de sus pecados. Descubrimos gozo cuando abandonamos la prisión del orgullo y nos arrepentimos de nuestra rebelión.

El llanto es seguido por el corazón humilde. Los de corazón humilde son los que están dispuestos a ser usados por Dios. Asombrados por el hecho de que Dios quiera salvarlos, les resulta igualmente sorprendente que Dios quiera usarlos. Son un grupo de clarinetistas de la escuela secundaria que toca con la orquesta Boston Pops. No le dicen al maestro cómo manejar la batuta; sencillamente están encantados de ser parte del concierto.

¿El resultado que producen los tres primeros pasos? Hambre. ¡Nunca ha visto usted algo como lo que está sucediendo! Reconoce su pecado... recibe salvación. Confiesa su debilidad... recibe fuerza. Dice que está arrepentido... recibe perdón. Es una senda alocada e imprevisible llena de encuentros placenteros. Por primera vez en su vida está adicto a algo positivo... algo que da vida en lugar de quitarla. Y desea más.

Luego viene la compasión. Cuanto más recibe, más da. Le resulta más fácil conceder gracia porque se da cuenta que usted ha recibido tanta. Lo que le hicieron a usted no tiene punto de comparación con lo que usted le hizo a Dios.

Por primera vez en su vida, ha encontrado un gozo permanente, un gozo que no depende de sus antojos y acciones. Es un gozo que viene de Dios, un gozo que nadie puede quitarle.

Un deleite sagrado es puesto en su corazón.

Es sagrado porque sólo Dios lo puede conceder.

Es un deleite porque usted nunca lo esperaría.

Y aunque su corazón no es perfecto, no está podrido. Y aunque usted no es invencible, al menos está conectado. Y puede estar seguro de que aquel que lo creó sabe exactamente cómo purificarlo... desde adentro hacia afuera.

... PORQUE
ELLOS
VERÁN
A DIOS.

13

LINDO PALACIO PERO SIN REY

Las leyendas del Taj Mahal. Todas fascinan, pero hay una que espanta.

La esposa preferida del gran Mogol Jahangir murió. Devastado, resolvió honrarla construyendo un templo que le sirviera de tumba. Su féretro fue colocado en el centro de una gran parcela de tierra y se inició la construcción del templo alrededor del mismo. No se ahorraría gasto alguno para lograr que su lugar de descanso final fuese magnífico.

Pero al convertirse las semanas en meses, el dolor del Mogol fue eclipsado por su pasión por el proyecto. Ya no lloraba por la ausencia de ella. La construcción lo consumía. Un día, mientras caminaba de un lado a otro de la obra en construcción, su pierna chocó contra una caja de madera. El príncipe se sacudió el polvo de la pierna y ordenó al obrero que se deshiciera de la caja.

Jahangir no sabía que había ordenado la eliminación del féretro —ahora olvidado— escondido bajo capas de polvo y tiempo.

La persona que se pretendía honrar mediante la construcción del templo había sido olvidada, pero el templo igualmente fue erigido.

¿Difícil de creer? Quizás. Pero aun así produce espanto.

¿Podría ocurrir que alguno construyese un templo y olvidase el porqué? ¿Podría alguno construir un palacio y sin embargo olvidarse del rey? ¿Podría alguno esculpir un tributo y olvidarse del héroe?

Responda usted a esas preguntas. Contéstelas en una iglesia. La próxima vez que entre a un culto, ubíquese de manera que pueda ver a la gente. Luego decida.

Uno puede darse cuenta de quiénes recuerdan al que fue inmolado. Tienen cara de asombro y expectativa. Son niños que observan mientras se desenvuelve un regalo. Son siervos que se quedan quietos al pasar un rey. No se duerme en la presencia de la realeza. Uno no bosteza cuando está recibiendo un obsequio, ¡especialmente si el que lo da es el rey mismo!

También es posible darse cuenta de cuáles sólo ven el templo. Sus ojos divagan. Sus pies están inquietos. Sus manos no dejan de moverse y sus bocas se abren... no para cantar sino para bostezar. Pues por mucho que intenten mantener su asombro, sus ojos empiezan a ponerse vidriosos. Todos los templos, incluso el Taj Mahal, pierden su brillo al cabo de un tiempo.

Los observadores de templos no tienen intención de aburrirse. A ellos les encanta la iglesia. Pueden nombrar sus actividades y alabar a sus pastores. No es su intención volverse rancios. Se ponen sombreros y medias de nylon, sacos y corbatas y vienen todas las semanas. Pero aun así, hay algo que falta. Aquel que en una época pensaban honrar desde hace tiempo ha desaparecido.

Pero los que lo han visto parecen no poder olvidarlo. Lo encuentran, a menudo a pesar del templo en lugar de ser a causa del mismo. Limpian el polvo y permanecen de pie eternamente impactados ante su tumba... su tumba vacía.

Los edificadores de templos y los buscadores del Salvador. Los encontrará a ambos en la misma iglesia, en el mismo banco... incluso en ocasiones llevarán puesto el mismo traje. Uno ve la estructura y dice: «¡Cuán grande es la iglesia!» El otro ve al Salvador y dice: «¡Cuán grande es Cristo!»

¿Cuál es el que ve usted?

DICHOSOS...

LOS
PACIFICADORES...

14

SEMILLAS DE PAZ

¿**Q**uiere ver un milagro? Haga esta prueba.

Tome una semilla del tamaño de una peca. Póngala bajo varios centímetros de tierra. Déle suficiente agua, luz y fertilizante. Y prepárese. Una montaña será movida. No importa que la tierra sea millones de veces más pesada que la semilla. La semilla la empujará hasta correrla.

Cada primavera, soñadores de todo el mundo plantan pequeñas esperanzas en suelo arado. Y cada primavera, sus esperanzas presionan contra lo imposible y florecen.

Nunca subestime el poder de una semilla.

Que yo sepa, Santiago, el escritor de la epístola, no era agricultor. Pero conocía el poder de una semilla en suelo fértil.

«Y el fruto de justicia se siembra en paz para aquellos que hacen la paz».[1]

El principio de la paz es la misma que el principio de las cosechas: Nunca subestimar el poder de una semilla.

La historia de Heinz es un buen ejemplo. Europa 1934. La plaga de antisemitismo de Hitler estaba infectando al

---

1 Santiago 3.18.

continente. Algunos lograrían escapar de ella. Otros morirían a causa de ella. Pero Heinz, un niño de once años, aprendería de ella. Aprendería el poder de sembrar semillas de paz.

Heinz era judío.

La aldea bávara de Fürth, donde vivía Heinz, se iba plagando de jóvenes rufianes de Hitler. El padre de Heinz, un maestro, perdió su trabajo. Se acabaron las actividades recreativas. La tensión en las calles iba en aumento.

Las familias judías se aferraron a las tradiciones que los unían: acatamiento del día de reposo, de Rosh Hashanah, de Yom Kippur. Antiguas costumbres adquirieron nuevo significado. Al hinchar y oscurecerse las nubes de persecución, estos antiguos preceptos se convirtieron en precioso escondedero en una poderosa roca.

Y a medida que las calles se iban convirtiendo en campo de batalla, tal seguridad equivalía a supervivencia.

Los jóvenes de Hitler merodeaban por los vecindarios buscando dificultades. El joven Heinz aprendió a mantener los ojos abiertos. Cuando veía una banda de alborotadores, se pasaba al otro lado de la calle. A veces lograba escapar de una pelea... otras veces no.

Un día, en 1934, ocurrió un enfrentamiento decisivo. Heinz se encontró frente a frente con un matón de Hitler. Parecía inevitable una golpiza. Esta vez, sin embargo, se alejó ileso... no por causa de lo que hizo, sino por lo que dijo. No ofreció resistencia; habló. Convenció a los alborotadores que no era necesaria una lucha. Sus palabras detuvieron la batalla. Y Heinz vio de primera mano cómo la lengua puede crear paz.

Aprendió la destreza de usar las palabras para evitar conflicto. Y para un joven judío en la Europa plagada de Hitler, esa destreza tuvo muchas ocasiones de ser afilada.

Afortunadamente, la familia de Heinz se escapó de Bavaria y logró llegar a los Estados Unidos. Más tarde en su vida, restaría importancia al impacto que habían tenido sobre su desarrollo esas experiencias de la adolescencia.

Pero uno no puede evitar hacerse preguntas. Pues luego de que Heinz creciera, su nombre pasó a ser sinónimo de negociaciones de paz. Su legado fue el de constructor de puentes. En alguna parte había aprendido el poder de la palabra de paz puesta en el sitio adecuado. Y a uno no le queda más que preguntarse si su entrenamiento no se produjo en las calles de Bavaria.

Usted no lo conoce por el nombre de Heinz. Lo conoce por la versión inglesa de su nombre, Henry. Henry Kissinger.[2]

Nunca subestime el poder de una semilla.

¿Qué grado de habilidad tiene usted en la siembra de semillas de paz?

Tal vez no lo llamen para detener un conflicto internacional, pero se le presentarán oportunidades para hacer algo más vital: traer paz *interior* a corazones atribulados.

Jesús fue un modelo de esto. No lo vemos dando solución a muchas disputas ni negociando conflictos. Pero *sí* podemos verlo cultivando armonía interior mediante actos de amor:

lavando los pies de hombres que sabía que lo traicionarían,

almorzando con un oficial de impuestos corrupto,

honrando a la mujer pecadora que había sido despreciada por la sociedad.

2   Paul Harvey, *El resto de la historia de Paul Harvey*, Bantam, New York, NY, 1977, p. 49.

Construía puentes sanando heridas. Prevenía el conflicto tocando el interior. Cultivaba la armonía sembrando semillas de paz en corazones fértiles.

Hágame un favor. Deténgase un momento y piense en todas las personas que componen su mundo. Haga un paseo por la galería de rostros que son significativos para usted. Recorra mentalmente las páginas del álbum de fotos donde figuran las personas con las que trata con mayor frecuencia.

¿Puede ver sus rostros? Su cónyuge. Su mejor amigo. Sus compañeros de golf. Sus amigos de la asociación de padres de la escuela. Sus hijos. Su tía que vive al otro lado del país. Su vecino de enfrente. La recepcionista de su trabajo. La secretaria nueva de la oficina contigua.

Congele esas imágenes mentales durante un momento mientras le cuento cómo se sienten algunos de ellos.

Hace poco fui a ver a nuestro médico de familia. Era el primer control que me hacía desde el requerido para practicar fútbol en la escuela secundaria, diecisiete años atrás.

Como era algo largamente adeudado, pedí una evaluación completa. Una enfermera me puso sobre una camilla y me adhirió al pecho unas pequeñas ventosas frías. Otra enfermera me rodeó el brazo con una banda tirante y apretó un bulbo negro hasta que el brazo me cosquilleaba. Luego me pinchó el dedo (lo cual siempre duele) y me dijo que llenara un vasito (lo cual siempre me incomoda). Después, habiendo cumplido con todos los preliminares, me pusieron en un cuarto y me dijeron que me quitara la camisa y esperase al doctor.

Hay algo en este asunto de ser pinchado, empujado, medido y desaguado que hace que uno se sienta como una planta de lechuga en la sección de vegetales. Me senté sobre un banquito y miré fijamente la pared.

¿Me permite que le diga algo que usted ya sabe, pero quizás lo haya olvidado? Alguien de su mundo se siente como yo me sentí en ese consultorio. El trajín diario del mundo tiene la habilidad de dejarnos exhaustos y agotados.

Alguien de su galería de personas está sentado sobre un frío banquillo de aluminio de inseguridad, asiendo la parte de atrás del camisón de hospital por temor a dejar expuesto el poco orgullo que le queda. Y esa persona necesita desesperadamente una palabra de paz.

Alguien necesita que usted haga por ellos lo que el Dr. Jim hizo por mí.

Jim es un doctor de un pequeño pueblo en una gran ciudad. Todavía recuerda los nombres y guarda fotos de bebés a los que ayudó a nacer en el tablero de su oficina. Y aunque usted sabe que él está ocupado, le hace sentir como si fuese su único paciente.

Después de un poco de charla sin importancia y unas pocas preguntas sobre mi historia clínica, apoyó mi ficha y dijo: «Permítame que me quite por un minuto mi sombrero de médico y hable con usted como amigo».

La charla duró aproximadamente cinco minutos. Me preguntó por mi familia. Me preguntó por mi trabajo. Me preguntó acerca de mi estrés. Me dijo que le parecía que hacía un buen trabajo en la iglesia y que disfrutaba de la lectura de mis libros.

Nada profundo, nada entrometido. No fue más allá de lo que yo permitía. Pero tuve la sensación de que hubiese ido hasta el fondo del pozo conmigo de haber sido necesario.

Después de esos pocos minutos, el Dr. Jim prosiguió con su tarea de golpearme la rodilla con su martillo de goma, mirarme la garganta, mirarme el oído y escucharme el pecho. Cuando había acabado y me estaba abotonando la camisa, se volvió a quitar su sombrero de médico y me recordó que no llevara la carga del mundo sobre mis hombros. «Y asegúrese de amar a su esposa y abrazar a esas niñas, porque en última instancia, sin ellas usted no vale gran cosa».

«Gracias, Jim», le dije.

Y salió tan rápidamente como había entrado... un sembrador con delantal de médico.

◆

¿Quiere ver un milagro? Plante una palabra de amor a nivel del corazón en la vida de una persona. Nútrala con una sonrisa y una oración, y observe lo que pasa.

Un empleado recibe un elogio. Una esposa recibe un ramo de flores. Un pastel es horneado y llevado a la casa contigua. Una viuda es abrazada. Un empleado de estación de servicio recibe honra. Un predicador es elogiado.

Sembrar semillas de paz se parece a sembrar habas. Usted no sabe por qué da resultado; sólo sabe que lo hace. Las semillas son plantadas, y la tierra de heridas es corrida.

No olvide el principio. Nunca subestime el poder de una semilla.

Dios no lo hizo. Cuando su reino fue devastado y su pueblo había olvidado su nombre, plantó su semilla. Cuando la tierra del corazón humano se había vuelto una costra, plantó su semilla. Cuando la religión se había convertido en rito y el templo era un mercado, plantó su semilla.

¿Quiere ver un milagro? Obsérvelo al colocar la semilla de su propio ser en el vientre fértil de una muchacha judía.

Hacia arriba creció, «como planta tierna que hunde sus raíces en la tierra seca».[3] La semilla se pasó la vida corriendo a las piedras que intentaban mantenerla bajo tierra. La semilla desarrolló un ministerio basado en sacar de su paso las piedras que estaban desparramadas por el suelo de su Padre.

Las piedras de legalismo que pesaban sobre las espaldas.

Las piedras de opresión que rompían huesos.

Las piedras de prejuicio que excluían a los necesitados.

Pero fue la piedra final la que resultó ser la prueba suprema de la semilla. La piedra de la muerte... colocada por los humanos y sellada por Satanás frente a la tumba. Por un momento parecía que la semilla se quedaría atrapa-

3   Isaías 53.2, Versión popular.

da en la tierra. Por un momento, esta roca parecía ser demasiado grande para ser desplazada.

Pero entonces, en algún lugar del corazón de la tierra, la semilla de Dios se movió, empujó y brotó. La tierra tembló, y la roca de la tumba rodó. La flor de la Pascua floreció.

Nunca subestime el poder de una semilla.

...PORQUE
SERÁN
LLAMADOS
HIJOS
DE DIOS.

15

EL PALO ENGRASADO DEL PODER

La búsqueda de poder ha superado los límites.

Usted conoce el dialecto del poder. Conoce las jugadas de poder. Tiene ropa de poder.

¿Piensa que tiene todo lo que necesita para alcanzar el poder? Piénselo dos veces y venga a cenar. Ahora hay modales de poder para la mesa.

«Los modales lo llevarán a donde su dinero no pueda», declara la «Reina de la cortesía», Marjabelle Stewart. Esta mujer abocada a la cruzada por las buenas costumbres ha desarrollado un seminario para ayudarlo a llegar a la cumbre comiendo. Por un costo de seis mil dólares usted puede participar de un seminario y aprender modales que le darán importancia.

He aquí algunos ejemplos de lo que Stewart denomina «fallas de poder»:

- Nunca ate su servilleta al cuello de su camisa.

- Nunca deje una marca de lápiz labial en el borde de un vaso.

- Nunca aplaste ni revuelva su comida.

- Nunca pelee por la cuenta.

- Nunca, jamás, entregue su plato al camarero.

- Nunca lea el menú como si fuese una Biblia. Su objetivo no es comer sino hacer negocios.

- Nunca se agache para levantar cubiertos que se hayan caído.*USA Today*, 22 de marzo de 1988, 5D.

A decir verdad, la regla general más importante en la búsqueda del poder es nunca agacharse para nada.

Nunca se agache ni aparente debilidad. Nunca se agache para reconocer errores. Nunca se agache para ayudar a alguno que nunca podría ayudarlo a usted. Nunca se agache a ningún nivel que pudiera hacer peligrar su posición en la escalera ascendente.

Agregue «modales de poder» a «mención de nombres importantes», «ostentación de tarjetas» y «alarde de títulos». Agréguelo a la larga lista de juegos que usamos para darnos importancia.

Las «movidas de poder» sencillamente son el equivalente del juego «Rey de la montaña» a nivel adulto.

¿Recuerda haber jugado ese juego siendo niño? El objetivo del mismo es treparse a la cima de un montículo y permanecer allí. Hay que empujar, manotear y trepar hasta llegar a la cima. Una vez que se llega a ese lugar, uno pelea para mantener su posición. Ni se le ocurra la idea de sentarse. Olvídese de disfrutar de la vista. Si afloja por un minuto siquiera, lo tirarán nuevamente a la base de la colina. Y entonces deberá volver a empezar desde el principio.

De adultos seguimos jugando al «Rey de la montaña», pero ahora los riesgos son mayores. Harrison Ford en la película *Working Girl* [Chica trabajando] lo expresó de esta manera:

Hoy en día basta perder un negocio para ser despedido. Todos los botones identificadores de líneas de mi teléfono tienen adherida una pila de dos centímetros y medio de cinta —nombres de agentes nuevos pegados encima de nombres de los antiguos— hombres buenos que ya no están en el otro extremo de la línea por la sencilla razón de haber perdido un negocio. No quiero quedar sepultado bajo un pedacito de cinta.

La búsqueda de poder ha superado los límites. Y la mayoría de los que estamos en esa búsqueda presiona o es presionada.

Debiera señalar la diferencia entre la pasión por la excelencia y la pasión por el poder. El deseo de excelencia es un don de Dios, muy necesario en la sociedad. Se caracteriza por el respeto por la calidad y un anhelo de usar los dones dados por Dios de una manera que le agrade a Él. Tenga presente las palabras de Antonio Stradivari, el fabricante de violines del siglo diecisiete cuyo nombre en su forma latina, Stradivarius, se ha convertido en sinónimo de excelencia:

> Cuando un maestro sostenga entre el mentón y la mano un violín de los míos, se alegrará de que Stradivari haya vivido, haya fabricado violines y los haya fabricado de lo mejor[...] Si mi mano se aflojara estaría robándole a Dios[...] ya que Él es el más pleno bien. [Empero] Él no podría hacer los violines de Antonio Stradivari sin Antonio.[1]

Él tenía razón. Dios no podría hacer violines Stradivarius sin Antonio Stradivari. Ciertos dones fueron dados a ese artesano que ningún otro fabricante de violines poseyó.

Del mismo modo, hay ciertas cosas que puede hacer usted que ningún otro puede hacer. Quizás es la crianza de los hijos, o la construcción de casas, o animar a los desanimados. Hay cosas que *sólo* usted puede hacer, y para hacerlas es que usted vive. En la gran orquesta que denominamos

---

1 Henry Emerson Fosdick, según se cita en *A Guide to Prayer for Ministers and Other Servants* [Una guía de oración para ministros y otros siervos], The Upper Room, Nashville, 1983, p. 263.

vida, usted tiene un instrumento y una canción, y tiene el deber ante Dios de ejecutar ambos de manera sublime.

Pero hay un cañón de diferencia entre dar lo mejor de sí para glorificar a Dios y hacer cualquier cosa que haga falta para glorificarse uno mismo. La búsqueda de la excelencia es una señal de madurez. La búsqueda de poder es infantil.

Tal vez le interese saber que la primer jugada de poder no ocurrió en Wall Street ni en un campo de batalla, sino en un jardín. La primera promesa de prestigio fue susurrada con un seseo, un guiño y una sonrisa de víbora por un ángel caído.

De pie a la sombra del árbol de la ciencia del bien y del mal, Satanás sabía qué ofrecerle a Eva para convencerla de que comiese la manzana. No fue placer. No fue salud. No fue prosperidad. Fue... bueno, lea usted sus palabras y descubra el cebo que usó:

«Sabe Dios que el día que comáis de él, serán abiertos vuestros ojos, y seréis como Dios, sabiendo el bien y el mal».[2]

Las palabras encontraron un punto flojo.

«Seréis como Dios».

Eva se acariciaba el mentón a la vez que repetía para sí la promesa.

«Seréis como Dios».

La serpiente corrió la cortina que conducía a la sala del trono e invitó a Eva a sentarse. Ponerse la corona. Levantar el cetro. Colocarse la capa. Ver qué sensación produce tener poder. Ver qué sensación produce ser de renombre. ¡Ver qué sensación produce ejercer el control!

2 Génesis 3.5.

Eva se tragó el anzuelo. La tentación de ser *como* Dios eclipsó su visión *de* Dios, y el crujido de una manzana hizo eco en el reino. Usted conoce el resto de la historia.

Ahora bien, quizás sus flirteos con el poder no hayan sido tan evidentes. Sin duda, le causó gracia la idea de gastar seis mil dólares para asistir a un seminario de modales. Sin duda habrá sacudido la cabeza de asombro ante las compras masivas de acciones ejecutadas por los amos de Wall Street. Sin duda habrá quedado disgustado ante los asesinatos encargados por jefes y cabecillas de la droga. Ese tipo de jugada de poder no contiene atractivo alguno para usted. Si la serpiente intentara seducirlo mediante promesas de posición, usted lo mandaría derechito a la fosa, ¿verdad?

¿O acaso no lo haría? El «Rey de la montaña» se presenta de muchas maneras.

Es la jefa que no elogia a sus empleados. Después de todo, a los trabajadores hay que mantenerlos en su lugar.

Es el esposo que se niega a ser amable con su esposa. Sabe que si lo hace perderá su arma más poderosa: su temor a ser rechazada por él.

Es el empleado que antepone ambición personal a integridad personal.

Es la esposa que se niega a la relación sexual con la doble finalidad de castigar y persuadir.

Podría tratarse de quitar la vida de alguien, o tal vez quitarle el turno a alguno. Podría tratarse de manipuleo con una pistola, o quizás manipuleo con un ceño fruncido. Podría tratarse de una toma de posesión de una nación ejecutada por un político, o la toma de posesión de una iglesia realizada por un predicador.

Pero todas se deletrean de la misma manera: P-O-D-E-R.

Todas tienen el mismo objetivo: «Obtendré lo que quiero a costa suya».

Todas usan las mismas reglas de juego: presionar, empujar, arrebatar y mentir.

Todas han escuchado a la misma serpiente, el mismo Lucifer mentiroso que susurra a los oídos de cualquiera que acepte escucharlo: «Serás como Dios».

Y todas tienen el mismo fin: vanidad. Por favor preste cuidadosa atención a lo que estoy por decir. El poder absoluto es inalcanzable. El palo que lleva a la cima está engrasado, y los peldaños de la escalera están hechos de cartón. Cuando se para en la cima —si es que existe— la única dirección que puede tomar es hacia abajo. Y el descenso suele ser doloroso.

Pregúntele a Muhammed Ali.

Usted conoce a Ali, el inigualado tres veces campeón mundial de boxeo de peso pesado. Su rostro ha aparecido en la tapa de *Sports Illustrated* [Deportes ilustrados] más veces que cualquier otro atleta. Cuando «revoloteaba como mariposa y picaba como abeja», era el rey de su profesión. Una comitiva de reporteros, entrenadores y personal de apoyo seguía a este cometa en su carrera alrededor del mundo.

Pero eso fue ayer. ¿Dónde está Muhammed Ali hoy? El columnista deportivo Gary Smith salió a averiguarlo.

Ali escoltó a Smith a un granero junto a su casa de campo. En el piso, apoyado contra las paredes, había recuerdos de Ali en su época de esplendor. Fotos y retratos del campeón tirando golpes y bailando. Cuerpo esculpido. Puño golpeando el aire. Cinturón de campeonato sostenido en alto en señal de triunfo. «El ídolo en Manila».

Pero las fotos estaban surcadas de rayas blancas... excrementos de pájaros. Ali miró hacia las vigas donde estaban las palomas que habían adoptado su gimnasio como hogar. Entonces hizo algo significativo. Quizás como gesto conclusivo. Tal vez como declaración de desesperanza. Sea cual fuere el motivo, caminó hasta la fila de fotos y de una en una las fue dando vuelta hacia la pared. Luego se dirigió hacia la puerta, miró fijamente el paisaje campestre, y murmuró algo tan bajito que Smith debió pedirle que lo repitiese. Ali lo repitió.

«El mundo era mío», dijo él, «y de nada sirvió. Mire ahora».[3]

El palo del poder es un palo engrasado.

El emperador Carlomagno lo supo. Hay una historia interesante que tiene que ver con la sepultura de este famoso rey. Según la leyenda, pidió que lo sepultasen sentado en posición erguida sobre su trono. Pidió que su corona fuese colocada sobre su cabeza y su cetro puesto en su mano. Pidió que le colocasen en los hombros su manto real y que le pusiesen un libro abierto sobre el regazo.

Eso sucedió en 814 A.D. Casi doscientos años después, el emperador Othello decidió averiguar si el pedido de sepultura había sido cumplido. Supuestamente envió un equipo de hombres a abrir la tumba y hacer un informe. Encontraron el cuerpo tal como Carlomagno lo había solicitado. Sólo que ahora, casi dos siglos más tarde, la escena era grotesca. La corona estaba ladeada, el manto apolillado, el cuerpo desfigurado. Pero abierto sobre los muslos del esqueleto estaba el libro que Carlomagno había solicitado: la Biblia. Un dedo huesudo señalaba a Mateo 16.26: «¿De qué le servirá a un hombre ganar el mundo entero si pierde su alma?»[4]

Usted puede dar la respuesta.

Al ir tomando forma estos pensamientos sobre el poder, debí asistir a un banquete.

Ahora bien, en la lista de cosas que prefiero hacer en una noche libre, asistir a un banquete figura en una de las

3 Gary Smith, «Ali and His Entourage» [Ali y su comitiva], *Sports Illustrated*, 16 de abril de 1988, pp. 48-49.
4 *Encyclopedia of 7700 Illustrations* [Enciclopedia de 7700 ilustraciones], Assurance Publishers, 1979, pp. 1213-14.

últimas posiciones. La idea evoca imágenes de comida fría, salas calientes, sistemas de sonido de mala calidad, oradores de largo tiro y manchas de salsa en mi corbata. Disculpe mi falta de adaptación social, pero para mí es preferible una buena película o un juego de béisbol.

Este banquete en particular no había logrado hacerme cambiar de opinión. Era una ceremonia de entrega de premios donde estaban sobrevendidas las entradas y había empezado tarde. Al maestro de ceremonias le costaba mantener atentos a todos los presentes. Competía con la escuadrilla de camareros que entraban y salían cada trece segundos. Los premios fueron entregados con minucioso detalle. Fueron aceptados con gratitud explícita y verborrágica. Empecé a mirar mi reloj y masticar cubitos de hielo.

Fue entonces que presentaron al rey.

«¿Un rey?» Eché una mirada a mi alrededor, pensando que vería un manto y una corona. No fue así. Sí, vi un joven bien vestido que era escoltado hasta la plataforma.

«Conque así luce un rey», pensé. Otros deben haber estado tan intrigados como yo. El sitio estaba en silencio.

Su nombre era Rey Goodwill. Era la séptima generación de reyes de la tribu Zulú en África. Título impresionante. Pero aun más significativo era el hecho de que el mismo Rey Goodwill también tenía un Rey. Goodwill era creyente. Había aceptado a Cristo como Señor y estaba animando a su nación para que hiciese lo mismo.

A pesar de que todo el discurso del Rey Goodwill fue digno de mención, fue su primera frase la que copié en mi agenda: «Soy un rey, pero los saludo como hermanos».

Un rey que me considera hermano suyo. Un gobernante que me da la bienvenida a su familia. Realeza concedida libremente.

Sus palabras me hicieron pensar en otro Rey que hizo lo mismo.

«Dichosos los pacificadores, porque serán llamados hijos de Dios».

«Sea un agente de poder», mintió la serpiente, «y será como Dios».

«Sea un pacificador», prometió el Rey, «y será un hijo de Dios».

¿Cuál preferiría usted? ¿Ser rey de la montaña por un día? ¿O ser hijo de Dios por la eternidad?

El ser hijo trae aparejado un beneficio. Si usted es hijo de Dios, ¿qué cosa puede ofrecerle el mundo? ¿Acaso puede obtener algún título mayor que el que ahora tiene?

Responda a esto: A mil años del presente, ¿tendrá importancia el título que le haya asignado el mundo? No, pero lo que establecerá literalmente un infierno de diferencia es saber de quién es hijo usted.

Una nota final acerca de ese banquete. Después de que terminara, me quedé con la esperanza de conocer al rey. Al principio no podía encontrarlo. Después me topé con él, su esposa y asistentes en un pasillo lateral. Adivine lo que estaban haciendo. ¡Se estaban riendo! Alguien debe haber contado un chiste fantástico, porque este grupo apenas podía mantenerse de pie.

Un rey descostillado. Qué deleite.

Una risa abdominal no es lo que yo llamaría una jugada de poder. La mejor forma de describirla es pasar un buen rato. Supongo que cuando uno es rey, no necesita preocuparse por comportarse con corrección por el status; status es lo que le sobra.

Eso también se aplica en el caso de los hijos del Rey.

La próxima vez que coma, creo que me engancharé la servilleta en el cuello de la camisa.

DICHOSOS...

LOS PERSEGUIDOS POR CAUSA DE LA JUSTICIA. . .

16

EL CALABOZO DE LA DUDA

Era un hijo del desierto. Cara apergaminada. Piel bronceada. Vestimenta hecha de pieles de animales. Lo que poseía cabía en un bolsillo. Sus paredes eran las montañas y su techo las estrellas.

Pero ya no. Su frontera fue encerrada por paredes, su horizonte está oculto. Las estrellas son recuerdos. El aire fresco casi ha sido olvidado. Y el hedor del calabozo recuerda implacablemente al hijo del desierto que ahora es un cautivo del rey.[1]

Al parecer de cualquiera, Juan el Bautista se merece mejor trato que este. Al fin y al cabo, ¿no es acaso el mensajero que va delante de Cristo? ¿Acaso no es pariente del Mesías? En última instancia, ¿no es suya la valiente voz del arrepentimiento?

Pero recientemente, esa voz, en vez de abrir la puerta de la renovación, ha abierto la puerta a su propia celda de prisión.

Los problemas de Juan comenzaron cuando le llamó la atención a un rey.

1 Mateo 14.1-12.

En un viaje a Roma, el rey Herodes sucumbió a la seducción de la esposa de su hermano, Herodías. Decidiendo que a Herodías le convenía más estar casada con él, Herodes se divorció de su esposa y trajo a su cuñada a vivir con él.

Los columnistas de chismes estaban fascinados, pero Juan el Bautista estaba enfurecido. Saltó sobre Herodes como un escorpión del desierto, y llamó al matrimonio por su nombre: adulterio.

Herodes probablemente lo habría ignorado. Pero no así Herodías. Esta seductora y sensual mujer no tenía intención de que quedara expuesta su condición de trepadora social. Le dijo a Herodes que quitara a Juan del circuito de conferencias y lo echara al calabozo. Herodes dio vueltas y demoró hasta que ella susurró y lo sedujo. Entonces Herodes cedió.

Pero eso no fue suficiente para su amante. Hizo que su hija se paseara delante del rey y sus generales en una fiesta. Herodes, que se dejaba engañar tan fácilmente cuando se emocionaba, prometió hacer cualquier cosa por la linda jovencita vestida con taparrabos.

—¿Cualquier cosa?

—Lo que pidas —dijo él baboseando.

Ella consultó a su madre, que esperaba en el pasillo, luego regresó con su pedido.

—Quiero a Juan el Bautista.

—¿Quieres una cita con el profeta?

—Quiero su cabeza —respondió la bailarina. Y después, ante un gesto afirmativo de su madre, agregó—: Sobre una bandeja de plata, si no le molesta.

Herodes miró los rostros de los que lo rodeaban. Sabía que no era justo, pero también sabía que todos lo estaban mirando. Y él *había* prometido «cualquier cosa». A pesar de que personalmente no tenía nada en contra del predicador campesino, valoraba las encuestas de la opinión pública mucho más de que la vida de Juan. Al fin y al cabo, ¿qué importa más... evitar hacer el ridículo o evitar la muerte de un profeta excéntrico?

La historia destila injusticia.

Juan muere porque Herodes codicia.

El bueno es asesinado mientras los malos se ríen.

Un hombre de Dios es asesinado mientras un hombre apasionado le hace guiños a su sobrina.

¿Es así como Dios recompensa a sus ungidos? ¿Es así como honra a sus fieles? ¿Es así como Dios corona a sus elegidos? ¿Con oscuro calabozo y reluciente espada?

La incoherencia fue más de lo que Juan podía soportar. Aun antes de que Herodes alcanzara su veredicto, Juan formulaba sus preguntas. Sus preocupaciones sólo eran superadas en número por la cantidad de veces que recorría su celda haciendo dichas preguntas. Cuando tuvo ocasión de enviarle un mensaje a Jesús, su inquisición expresaba desesperanza:

«Al enterarse Juan en la cárcel de lo que Cristo estaba haciendo, envió a sus discípulos a que le preguntaran: ¿Eres el que había de venir, o debemos esperar a otro?»[2]

Nótese lo que motivaba la pregunta de Juan. No era solamente el calabozo ni la muerte siquiera. Era el problema de las expectativas no satisfechas: el hecho de que Juan estuviera en dificultades profundas y Jesús siguiera adelante con sus asuntos como si nada.

¿Es esto lo que hacen los mesías cuando aparecen dificultades? ¿Es esto lo que hace Dios cuando sus seguidores están en aprietos?

El silencio de Jesús bastó para formar una gotera en el dique de lo que creía Juan. «¿Eres tú el que había de venir? ¿O será que he seguido al Señor equivocado?»

2   Mateo 11.2-3.

Si la Biblia hubiese sido escrita por una agencia de relaciones públicas, habrían eliminado ese versículo. No es una buena estrategia de relaciones públicas reconocer que uno de los miembros del gabinete tiene dudas acerca del presidente. Uno no permite que se sepan historias como esa si se intenta presentar un frente unido.

Pero las Escrituras no fueron escritas por agentes personales; fueron inspiradas por un Dios eterno que sabía que cada discípulo de allí en adelante pasaría tiempo en el calabozo de la duda.

Aunque las circunstancias hayan cambiado, las preguntas no.

Las mismas son formuladas cada vez que los fieles sufren las consecuencias de los infieles. Cada vez que una persona da un paso en la dirección correcta, para luego tropezar y caer de bruces, cada vez que una persona hace una obra de bien pero sufre resultados malignos, cada vez que una persona adopta una posición, pero acaba cayendo sobre su rostro... las preguntas caen como lluvia:

«Si Dios es tan bueno, ¿por qué me duele tanto?»

«Si Dios verdaderamente está allí, ¿por qué estoy aquí?»

«¿Qué hice para merecer esto?»

«¿Será que esta vez Dios se equivocó?»

«¿Por qué son perseguidos los justos?»

En su libro *Disappointment with God* [Desilusión con Dios], Philip Yancey menciona una carta que articula el problema de las expectativas no satisfechas en toda su dolorosa realidad. Meg Woodson perdió dos hijos por causa de fibrosis quística, y la muerte de su hija a la edad de veintitrés años resultó particularmente traumática. Las palabras que siguen expresan su dolor y sus dudas en su lucha por aceptar lo sucedido:

Estaba sentada junto a su cama unos días antes de su muerte cuando de repente empezó a gritar. Nunca olvidaré esos gritos agudos, penetrantes y animales[...] Contra este trasfondo de seres humanos que se desmoronan[...] fue que Dios, que podría haber ayudado, contempló a una mujer joven devota a Él, bastante dispuesta a morir por Él para darle la gloria, y decidió quedarse inmóvil y permitir que su muerte se ubicara en los primeros puestos de las cartillas de horror de muertes por fibrosis quística.[3]

¿*Será* que a veces Dios permanece inmóvil? ¿*Será* que Dios algunas veces decide hacer nada? ¿*Será* que Dios opta por el silencio cuando estoy gritando con toda la fuerza posible?

Hace algún tiempo, llevé a mi familia a una venta de bicicletas para comprarle una a Jenna, que tenía cinco años. Había elegido una reluciente «Starlett» con asiento tipo banana y rueditas de aprendizaje. Y Andrea, de tres años, decidió que quería una también.

Le expliqué a Andrea que no tenía edad suficiente. Le dije que todavía tenía dificultades con un triciclo y que era demasiado pequeña para una bicicleta. No hizo caso; igual quería una. Le expliqué que cuando fuese un poco mayor, también recibiría una. Sencillamente se quedó mirándome. Intenté decirle que una gran bicicleta le causaría mayor dolor que placer, más raspones que emociones. Giró la cabeza sin decir palabra.

Finalmente suspiré y esta vez le dije que su padre sabía lo que más le convenía. ¿Su respuesta? La gritó con fuerza suficiente para la escucharan todos los que estaban en el negocio:

«¡Entonces quiero un papá *nuevo*!»

---

3 *Disappointment with God* [Desilusión con Dios], Zondervan, Grand Rapids, MI, 1988, p. 158.

A pesar de que las palabras provenían de la boca de una niña, comunicaban los sentimientos de un adulto.

La desilusión exige un cambio de mando. Cuando no estamos de acuerdo con el que dicta las órdenes, nuestra reacción suele ser igual que la de Andrea... igual que la de Juan. «¿Será el indicado para la tarea?» O, como lo dijo Juan: «¿Eres el que había de venir, o debemos esperar a otro?»

Andrea, con sus poderes de razonamiento de una niña de tres años, no podía creer que una bicicleta nueva fuera menos que ideal para ella. Desde su punto de vista, sería la fuente de bienestar eterno. Y desde su punto de vista, el que tenía el poder de conceder ese bienestar estaba «permaneciendo inmóvil».

Juan no podía creer que cualquier cosa exceptuando su liberación sirviera al mejor interés de todos los involucrados. Según su opinión, era hora de practicar un poco de justicia y ponerse en acción. Pero el que tenía el poder estaba «permaneciendo inmóvil».

No puedo creer que Dios se quede sentado en silencio cuando un misionero es echado de un país extranjero o un cristiano pierde una promoción por causa de sus creencias o una esposa fiel es víctima de abuso por parte de un esposo incrédulo. Estas son sólo tres de muchas cuestiones que han llegado a mi lista de oración, todas ellas oraciones que no parecen haber sido contestadas.

Regla general: Nubes de duda son generadas cuando el aire cálido y húmedo de nuestras expectativas se encuentra con el aire frío del silencio de Dios.

Si ha escuchado el silencio de Dios, si ha sido abandonado en el calabozo de la duda, no deje este libro hasta haber leído el capítulo siguiente. Tal vez aprenda, como lo hizo Juan, que el problema no se trata tanto del silencio de Dios sino de su habilidad para oír.

...PORQUE EL REINO DE LOS CIELOS ES DE ELLOS.

17

EL REINO POR EL QUE VALE LA PENA MORIR

«**V**ayan y cuéntenle a Juan lo que oyen y ven, les respondió Jesús: Los ciegos ven, los cojos caminan, los que tienen lepra son sanados, los sordos oyen, los muertos resucitan y a los pobres se les anuncian las buenas nuevas.[1]

Esta fue la respuesta de Jesús a la pregunta agonizante de Juan desde el calabozo de la duda: «¿Eres el que había de venir, o debemos esperar a otro?»[2]

Pero antes de estudiar lo que dijo Jesús, preste atención a un par de cosas que no dijo.

Primeramente, no se enojo. No levantó las manos en gesto de disgusto. No gritó: «¿Qué más tengo que hacer para Juan? ¡Ya me hice carne! He vivido sin pecar durante tres décadas. Le permití que me bautizara. ¿Qué más quiere? Vayan y díganle a ese desagradecido comelangostas que su incredulidad me deja atónito».

Podría haber hecho eso. (Yo lo habría hecho.) Pero Jesús no lo hizo. Subraye ese hecho: *Dios nunca ha despreciado las*

---

1 Mateo 11.4-5.
2 Mateo 11.3-4.

preguntas de un buscador sincero. No ha despreciado las de Job ni las de Abraham, ni las de Moisés, ni las de Juan, ni las de Tomás, ni las de Max, ni las suyas.

Pero note también que Jesús no salvó a Juan. Aquel que había caminado sobre el agua con facilidad podría haber caminado sobre la cabeza de Herodes, pero no lo hizo. Aquel que echó demonios tenía el poder necesario para destruir el castillo del rey, pero no lo hizo. No hubo un plan de batalla. No hubo equipos de armas y tácticas especiales [como SWAT]. No hubo espadas relucientes. Sólo un mensaje: un mensaje del reino.

«Díganle a Juan que todo marcha según los planes. El reino está siendo inaugurado».

Las palabras de Jesús son mucho más que una declaración de Isaías.[3] Son la descripción de un reino celestial que está siendo establecido.

Un reino singular. Un reino invisible. Un reino de tres rasgos distintivos.

En primer lugar, es un reino donde los rechazados son recibidos.

«Los ciegos ven, los cojos caminan, los que tienen lepra son sanados, los sordos oyen».

No hubo gente más despreciada por su cultura que los ciegos, los cojos, los leprosos y los sordos. No había lugar para ellos. No tenían nombre. No tenían valor. Eran llagas de la sociedad. Exceso de equipaje al costado del camino. Pero a los que la gente llamaba basura, Jesús llamaba tesoros.

En mi ropero está colgado un suéter que rara vez uso. Es demasiado pequeño. Las mangas me quedan cortas, los

---

3   Isaías 35.5; 61.1.

hombros demasiado ajustados. Faltan algunos de los botones y está deshilachado. Debiera deshacerme de ese suéter. No me sirve. Nunca más lo usaré. La lógica dice que debiera desocupar el espacio y deshacerme del suéter.

Eso es lo que dice la *lógica*.

Pero el *amor* no me lo permite.

Un detalle singular de ese suéter hace que lo conserve. ¿Qué es lo que tiene de particular? Primeramente, no tiene ningún rótulo. En ninguna parte de la prenda podrá encontrar un rótulo que diga, «Made in Taiwan» o «Lávese en agua fría». No tiene rótulo alguno porque no fue producido en una fábrica. No tiene rótulo porque no fue armado en una línea de producción. No ha sido producido por un empleado sin nombre ganándose la vida. Es producto de la expresión de amor de una madre devota.

Ese suéter es singular. Único en su clase. No puede ser reemplazado. Cada hebra fue escogida con cuidado. Cada hilo seleccionado con afecto.

Y aunque el suéter ha perdido todo su uso, no ha perdido nada de su valor. Es valioso no por su función, sino por su creadora.

Eso debe ser lo que tenía en mente el salmista cuando escribió: «Tú me formaste en el vientre de mi madre».[4]

Piense en esas palabras. Usted fue formado. No fue producto de un accidente. No fue el resultado de una producción en masa. No es el producto de una línea de montaje. Usted fue deliberadamente planificado, específicamente dotado y amorosamente ubicado sobre esta tierra por el Maestro Artesano.

«Porque somos hechura de Dios, creados en Cristo Jesús para hacer las buenas obras que de antemano Dios dispuso que hiciéramos».[5]

En una sociedad que da poco lugar a los que son de segunda categoría, eso constituye una buena noticia. En una

---

4   Salmo 139.13, Versión popular.
5   Efesios 2.10.

cultura donde la puerta de la oportunidad sólo se abre una vez y luego se cierra de un golpazo, eso constituye una revelación. En un sistema que determina el valor de un ser humano según las cifras de su salario o la forma de sus piernas, permítame que le diga algo: ¡El plan de Jesús es motivo de gozo!

Jesús le dijo a Juan que se avecinaba un nuevo reino... un reino donde el valor de las personas no se debe a lo que hacen, sino a *quién* pertenecen.

La segunda característica del reino es tan potente como la primera: «Los muertos resucitan». La tumba no tiene poder.

El año 1899 marcó la muerte de dos hombres muy conocidos: Dwight L. Moody, el aclamado evangelista, y Robert Ingersoll, el famoso abogado, orador y dirigente político.

Los dos hombres tenían similitudes. Ambos habían sido criados en hogares cristianos. Ambos eran oradores habilidosos. Ambos viajaban extensamente y eran ampliamente respetados. Ambos atraían a inmensas multitudes cuando hablaban y captaban a leales seguidores. Pero había una notable diferencia entre ambos: su visión de Dios.

Ingersoll era un agnóstico y seguidor del naturalismo; no creía en lo eterno, sino que enfatizaba la importancia de vivir sólo el aquí y el ahora. Restaba importancia a la Biblia, declarando que «el pensamiento libre nos dará la verdad». Para él la Biblia era «una fábula, una obscenidad, un embuste, un engaño y una mentira».[6] Era un ardiente vocero contra la fe cristiana. Declaraba que un credo cristiano «[era] el pasado

---

6   George Sweeting y Donald Sweeting, «The Evangelist and the Agnostic» [El evangelista y el agnóstico], *Moody Monthly*, Julio/Agosto 1989, p. 69.

ignorante que trataba con prepotencia al presente ilumina-do».[7]

Las convicciones de Dwight L. Moody, contemporáneo de Ingersoll, eran diferentes. Dedicó su vida a presentar un rey resucitado a un pueblo moribundo. Abrazaba la Biblia como la esperanza para la humanidad y la cruz como eje de la historia. Nos dejó un legado de palabras escritas y habla-das, instituciones de educación, iglesias y vidas cambiadas.

Dos hombres. Ambos oradores poderosos y dirigentes de influencia. Uno rechazó a Dios; el otro lo abrazó. El impacto de sus decisiones se ve con mayor claridad en su forma de morir. Lea cómo un biógrafo hace un paralelo entre ambas muertes.

Ingersoll murió repentinamente. La noticia de su muerte dejó aturdida a su familia. Su cuerpo permaneció en su casa durante varios días porque su esposa no quería separarse de él. Finalmente fue quitado por el bien de la salud de la familia.

Los restos de Ingersoll fueron cremados, y la respuesta del público a su fallecimiento fue sumamente lúgubre. Para haber sido un hombre que ponía todas sus esperanzas en este mun-do, la muerte resultó trágica y se presentó sin el consuelo de la esperanza[...]

El legado de Moody fue diferente. El 22 de diciembre de 1899, Moody se despertó para ver su último amanecer inver-nal. Como durante la noche su debilidad había ido en aumen-to, se expresaba con palabras lentas y medidas. «¡La tierra retrocede, el cielo se abre delante de mí!» Su hijo Will, que estaba cerca, cruzó rápidamente la habitación para estar junto a su padre.

«Padre, estás soñando», dijo él.

«No. Esto no es sueño, Will», dijo Moody. «Es hermoso. Es como un trance. Si esta es la muerte, es dulce. Dios me está llamando, y debo ir. No pidas que regrese».

En ese instante, la familia se reunió en derredor de él, y momentos después el gran evangelista falleció. Fue su día de

---

7   Ibid., p. 67.

coronación, un día que había aguardado con expectativa durante muchos años. Estaba con su Señor.

El servicio del funeral de Dwight L. Moody reflejó esa misma confianza. No hubo desesperanza. Los seres queridos se reunieron para cantar alabanzas a Dios en un triunfal culto de ida al hogar. Muchos recordaron las palabras que el evangelista había expresado a principios de ese año en la ciudad de Nueva York: «Algún día leerán en los diarios que Moody está muerto. No vayan a creer una palabra de lo que lean. En ese momento estaré más vivo de lo que ahora estoy[...] Nací de la carne en 1837, nací del Espíritu en 1855. Lo que es nacido de la carne posiblemente muera. Lo que es nacido del Espíritu vivirá para siempre».[8]

Jesús miró a los ojos de los seguidores de Juan y les dio este mensaje. «Cuéntenle a Juan[...] los muertos resucitan». Jesús no desconocía el encarcelamiento de Juan. No estaba ciego a la cautividad de Juan. Pero estaba tratando con un calabozo mayor que el de Herodes; estaba tratando con el calabozo de la muerte.

Sin embargo, Jesús no había acabado. Les comunicó un mensaje más para despejar la nube de la duda del corazón de Juan: «A los pobres se les anuncian las buenas nuevas».

Hace algunos meses llegué tarde para tomar un avión que partía del aeropuerto de San Antonio. No llegué tan tarde, pero sí lo suficiente para ser descartado y mi asiento cedido a un pasajero en lista de espera.

Cuando la agente de boletos me dijo que perdería el vuelo, puse en funcionamiento mis mejores poderes persuasivos.

8 *Ibid.*, p. 69.

—Pero el vuelo aún no ha partido.

—Sí, pero usted llegó demasiado tarde.

—Llegué antes de que partiera el avión; ¿eso es demasiado tarde?

—El reglamento dice que usted debe llegar diez minutos antes del horario programado de partida del vuelo. Eso fue hace dos minutos.

—Pero, señorita —le rogué—, esta tarde debo estar en Houston.

Ella fue paciente pero firme.

—Lo siento, señor, pero las reglas dicen que los pasajeros deben estar en el portón diez minutos antes del horario programado de partida.

—Ya sé lo que dicen las reglas —le expliqué—. Pero no le estoy pidiendo justicia; le estoy pidiendo misericordia.

No me la dio.

Pero Dios si la da. A pesar de que según el «reglamento» soy culpable, por el amor de Dios se me concede otra oportunidad. Aunque según la ley he sido acusado, por misericordia se me otorga un nuevo comienzo.

«Porque es por gracia que ustedes han sido salvados[...] no por obras, para que nadie pueda jactarse».[9]

Ninguna otra religión del mundo ofrece un mensaje tal. Todas las demás exigen un desempeño adecuado, un sacrificio adecuado, un recital adecuado, un ritual adecuado, una sesión o experiencia adecuada. El suyo es un reino de permutas y negociados. Si hace esto, Dios le dará aquello.

¿El resultado? Una de dos, arrogancia o temor. Arrogancia si piensa que lo ha alcanzado, temor si piensa que no.

El reino de Cristo es justo lo opuesto. Es un reino para los pobres. Un reino donde la membresía es *concedida*, no *adquirida*. Usted es colocado en el reino de Dios. Es «adoptado». Y esto ocurre no cuando usted hace lo suficiente, sino cuando reconoce que *no* puede hacer lo suficiente. Usted no

9 Efesios 2.8-9.

puede ganarlo; sencillamente lo acepta. Como resultado, usted sirve, no por arrogancia o temor, sino por gratitud.

Recientemente leí una historia de una mujer que durante años estuvo casada con un esposo severo. Cada día le dejaba una lista de tareas a realizar antes de que él regresara al finalizar el día. «Limpiar el jardín. Apilar la leña. Lavar las ventanas...»

Si no completaba las tareas, recibía como saludo su ira explosiva. Pero aun si completaba la lista, nunca estaba satisfecho; siempre encontraba imperfecciones en el trabajo que ella hacía.

Después de varios años, el esposo falleció. Un tiempo después se volvió a casar, esta vez con un hombre que le prodigaba ternura y adoración.

Un día, al revisar una caja de viejos papeles, la esposa encontró una de las listas de su primer esposo. Y al leer la hoja, un descubrimiento hizo que una lágrima de gozo salpicara el papel.

«Sigo haciendo todas estas cosas, sin que nadie deba decírmelas. Lo hago porque lo amo».

Esa es la característica singular del nuevo reino. Sus súbditos no trabajan para poder ir al cielo; trabajan *porque* van al cielo. La arrogancia y el temor son reemplazados por gratitud y gozo.

Ese es el reino que proclamó Jesús: un reino de aceptación, vida eterna y perdón.

No sabemos cómo recibió Juan el mensaje de Jesús, pero lo podemos imaginar. Me agrada imaginar que apareció en sus labios una leve sonrisa al escuchar lo que dijo su Maestro.

«Conque eso es. Así es como será el reino. Eso es lo que hará el Rey».

Porque ahora comprendía. No era que Jesús permaneciese silencioso; era que Juan había estado esperando la respuesta equivocada. Juan había estado esperando recibir una respuesta a sus problemas terrenales, mientras que Jesús estaba ocupado resolviendo los celestiales.

Eso es algo que vale la pena recordar la próxima vez que escuche el silencio de Dios.

Si ha pedido un cónyuge, pero sigue durmiendo solo... si ha pedido un hijo, pero su vientre sigue estéril... si ha pedido sanidad, pero sigue sufriendo... no piense que Dios no escucha. Lo hace. Y está respondiendo a pedidos que usted ni formula.

Santa Teresa de Ávila tenía la visión suficiente para orar de esa manera: «No me castigues concediéndome lo que deseo o pido».[10]

El apóstol Pablo era suficientemente sincero como para escribir: «No sabemos qué debemos pedir».[11]

Lo cierto es que Juan no pedía demasiado; pedía demasiado poco. Estaba pidiendo que el Padre resolviera lo temporal, mientras Jesús estaba dedicado a la solución de lo eterno. Juan pedía un favor inmediato, mientras Jesús estaba orquestando la solución eterna.

¿Significa eso que a Jesús no le interesa la injusticia? No. Él se preocupa por las persecuciones. Se preocupa por las injusticias, el hambre y el prejuicio. Y sabe lo que se siente al ser castigado por algo que no cometió. Conoce el significado de la frase: «Eso no está bien».

Pues no estuvo bien que la gente escupiese a los ojos que habían llorado por ella. No estuvo bien que los soldados arrancasen los pedazos de carne de la espalda de su Dios. No estuvo bien que los clavos hayan perforado las manos que formaron la tierra. Y no estuvo bien que el Hijo de Dios fuese obligado a escuchar el silencio de Dios.

No estuvo bien, pero sucedió.

---

10 Según se cita en *Una guía de oración para ministros y otros siervos*, p. 345.
11 Romanos 8.26.

Pues mientras Jesús estuvo sobre la cruz, Dios *sí* permaneció inmóvil. Sí le dio la espalda. Sí ignoró los gritos del inocente.

Se sentó en silencio mientras los pecados del mundo eran colocados sobre su Hijo. Y no hizo nada mientras un grito un millón de veces más sangriento que el de Juan rebotó en el cielo negro: «Dios mío, Dios mío, ¿por qué me has desamparado?»[12]

¿Estuvo eso bien? No.

¿Fue eso justo? No.

¿Fue eso amor? Sí.

En un mundo de injusticia, Dios una vez y para siempre inclinó la balanza a favor de la esperanza. Y lo hizo permaneciendo inmóvil para que pudiésemos conocer el reino de Dios.

12   Mateo 27.46.2

**ALÉGRENSE
Y ESTÉN
CONTENTOS,
PORQUE
ES GRANDE
SU RECOMPENSA...**

18

APLAUSO DEL CIELO

Casi estoy en casa. Después de cinco días, cuatro camas de hotel, once restaurantes y veintidós tazas de café, casi he llegado a casa. Después de ocho asientos de avión, cinco aeropuertos, dos demoras, un libro y quinientos trece paquetes de cacahuates, casi he llegado a casa.

El avión vibra debajo de mí. Un bebé llora detrás de mí. Hombres de negocio conversan alrededor de mí. Aire fresco sopla desde un agujero encima de mí. Pero lo único que importa es lo que está delante de mí: mi casa.

Casa. Fue lo primero que pensé al despertar esta mañana. Fue lo primero que pensé cuando bajé del último podio. Fue lo primero que pensé al despedirme de mi último anfitrión en el último aeropuerto.

No hay puerta que se parezca a la de su propia casa. No hay mejor sitio para apoyar sus pies que debajo de su propia mesa. No hay café que se parezca al de su propia taza. No hay comida que sea como la de su propia mesa. Y no hay abrazo que se compare con el de su propia familia.

Casa. La parte más larga del regreso a casa es la última: el avión corriendo por la pista hasta la terminal. Yo soy el tipo ese al que la azafata siempre tiene que decirle que se siente. Soy ese que tiene una mano sobre el portafolios y la otra en el cinturón de seguridad. He aprendido que hay una fracción de segundo crítica en la que puedo dispararme por el pasillo hasta la sección de primera clase antes de que los afluentes de personas comiencen a volcarse al pasillo principal.

No hago eso en cada vuelo. Únicamente cuando estoy volviendo a casa.

Mi corazón salta cuando salgo del avión. Casi me pongo nervioso al subir por la rampa. Paso a la gente. Agarro con fuerza mi maletín. Mi estómago se contrae. Me sudan las palmas. Entro al vestíbulo como un actor que sube a escena. Se levanta el telón, y el público está de pie en semicírculo. La mayoría de la gente ve que no soy la persona que buscan y desvían la mirada.

Pero desde un costado escucho el chillido familiar de dos niñitas. «¡Papi!» Me doy vuelta y las veo: caras lavadas, paradas sobre las sillas, saltando de alegría mientras se acerca a ellas el hombre de sus vidas. Jenna deja de saltar sólo lo suficiente para palmear. ¡Aplaude! No sé quién le enseñó que hiciera eso, pero puede estar seguro que no le diré que se detenga.

Detrás de ellas veo un tercer rostro: la pequeña Sara, que sólo tiene unos meses. Profundamente dormida, frunce el ceño levemente reaccionando ante los chillidos.

Y después veo un cuarto rostro: la cara de mi esposa. De algún modo, ha podido hacerse un poco de tiempo para peinarse, ponerse un vestido nuevo, ponerse ese brillo adicional. De algún modo, a pesar de estar sin aliento y agotada, me hará sentir como si mi semana fuera la única que vale la pena contar.

Los rostros de casa.

Eso es lo que hace que la promesa al final de las Bienaventuranzas resulte tan conmovedora: «Alégrense y estén contentos, porque es grande su recompensa en el cielo».

¿Cuál es nuestra recompensa? Ir a casa.

El libro de Apocalipsis podría titularse el «Libro de la ida a casa», pues en él se nos brinda una imagen de nuestro hogar celestial.

Las descripciones de Juan respecto al futuro lo dejan sin aliento. La imagen que pinta de la batalla final es gráfica. El bien choca con el mal. Lo sagrado se encuentra con lo pecaminoso. Las páginas aúllan con los chillidos de dragones y humean a causa de los carbones de las fosas ardientes. Pero en medio del campo de batalla hay una rosa. Juan la describe en el capítulo 21:

> Después vi un cielo nuevo y una tierra nueva, porque el primer cielo y la primera tierra habían pasado, y el mar ya no existía. Vi la Ciudad Santa, la nueva Jerusalén, que bajaba del cielo de parte de Dios, ataviada como una novia hermosamente vestida para su prometido. Y oí una voz fuerte que venía del trono y decía: «Ahora está la morada de Dios entre los hombres, y vivirá con ellos. Ellos serán su pueblo, y Dios mismo estará con ellos y será su Dios. Él enjugará toda lágrima de los ojos de ellos. Ya no habrá muerte, ni llanto, ni lamento ni dolor porque las primeras cosas ya pasaron».
>
> El que estaba sentado en el trono dijo: «¡Yo lo hago todo nuevo!»[1]

Juan está viejo cuando escribe estas palabras. Su cuerpo está agotado. El viaje ha sido duro. Sus amigos se han ido. Pedro está muerto. Pablo ha sido martirizado. Andrés, Santiago, Natanael... son figuras nebulosas de una época anterior.

Al escuchar la voz desde el trono, me pregunto: ¿Recuerda acaso el día en que la escuchó en la montaña? Pues es el mismo Juan y el mismo Jesús. Los mismos pies que hace tanto tiempo subieron por la montaña detrás de Jesús se

---

1 Apocalipsis 21.1-5.

afirman para seguirlo otra vez. Los mismos ojos que miraron al Nazareno mientras enseñaba en la cumbre son los que buscan verlo otra vez. Los mismos oídos que escucharon a Jesús describir por primera vez el deleite sagrado escuchan cómo es revelado nuevamente.

En este encuentro final en la cumbre de la montaña, Dios levanta el telón y permite al guerrero echarle un vistazo a la patria. Cuando se le asigna la tarea de poner por escrito lo que ve, Juan escoge la comparación más bella que puede ofrecer la tierra. La Ciudad Santa, dice Juan, se parece a «una novia hermosamente vestida para su prometido».

¿Qué cosa es más bella que una novia? Uno de los beneficios adicionales de ser ministro es que me toca dar una ojeada a la novia antes que nadie al ubicarse a la entrada de la nave central. Y debo decir que nunca he visto una novia fea. He visto algunos novios a los que no les vendría mal un retoque o dos, pero nunca ha sido el caso de una novia. Tal vez sea el aura de blancura que se adhiere a ella como rocío a una rosa. O quizás sean los diamantes que brillan en sus ojos. O posiblemente sea el sonrojo de amor que le pinta las mejillas o el ramillete de promesas que lleva. Sea lo que fuere, uno tiene la sensación al ver a una novia que está viendo la belleza más pura que el mundo pueda ostentar.

Una novia. Un compromiso vestido de elegancia. «Estaré contigo para siempre». El mañana trayendo esperanza al día de hoy. Pureza prometida fielmente entregada.

Cuando usted lee que nuestro hogar celestial es semejante a una novia, dígame: ¿Acaso no le dan ganas de ir a casa?

El mundo que encontré al despertar esta mañana no podría ser descrito como una novia hermosamente vestida para su prometido, ¿y el suyo?

Una parte del mundo que encontré al despertar estaba sufriendo. Un adolescente se quitó la vida en la oscuridad previa al amanecer. Sin nota. Sin explicación. Sólo quedan una madre y un padre perplejos que serán acosados para siempre por preguntas para las que no tienen respuestas.

Una parte del mundo que encontré al despertar estaba desilusionada. Otro dirigente nacional había sido acusado de deshonestidad. Él pestañeaba tratando de contener las lágrimas y tragaba su enojo en el noticiero de la red de comunicaciones. Una generación atrás, le hubiésemos otorgado el beneficio de la duda. Ya no.

Una parte del mundo que encontré al despertar esta mañana estaba devastado. Una niña de tres años había sido degollada por su propio padre. Un estudiante de medicina había sido descuartizado y sacrificado por adoradores de Satanás. Uno que había sido esposo durante treinta años se había ido con otro hombre. (No, con una mujer no, con un hombre.)

Cuando uno mira este mundo, manchado de sangre inocente y sucio de egoísmo, ¿acaso no le dan ganas de ir a casa?

Yo también.

El viejo santo nos dice que cuando lleguemos a casa, Dios mismo nos enjugará las lágrimas.

Cuando era joven, tenía bastantes personas para enjugarme las lágrimas. Tenía dos hermanas mayores que se ocupaban de mí. Tenía aproximadamente una docena de tías y tíos. Tenía una madre que trabajaba por las noches como enfermera y de día como madre, ejerciendo ambas profesiones con ternura. Incluso tenía un hermano tres años mayor que yo que ocasionalmente se compadecía de mí.

Pero cuando pienso en alguien que me enjugaba las lágrimas, pienso en mi papá. Sus manos eran callosas y fuertes, sus dedos cortos y regordetes. Y cuando mi padre secaba una lágrima, parecía secarla para siempre. Había algo en su toque que no sólo quitaba la lágrima de dolor de mi mejilla. También me quitaba el temor.

Juan dice que algún día Dios le enjugará todas las lágrimas. Las mismas manos que extendieron los cielos tocarán sus mejillas. Las mismas manos que formaron las montañas le acariciarán el rostro. Las mismas manos que se retorcieron en agonía al ser traspasadas por el clavo romano algún día le tomarán la cara y le enjugarán toda lágrima. Para siempre.

Cuando uno piensa en un mundo donde no habrá motivo para llorar, nunca, ¿acaso no le dan ganas de ir a casa?

«Ya no habrá muerte», declara Juan. ¿Lo puede imaginar? ¿Un mundo sin coches fúnebres ni morgues, ni cementerios, ni lápidas? ¿Se imagina un mundo donde no se tiren paladas de tierra sobre los féretros? ¿Sin nombres grabados en mármol? ¿Sin funerales? ¿Sin vestidos negros? ¿Sin arreglos florales negros?

Así como uno de los gozos del pastorado es ver a una novia que desciende por la nave central, una de las tristezas es ver un cuerpo dentro de un cajón reluciente frente al púlpito. Nunca resulta sencillo decir adiós. Nunca es fácil partir. La tarea más difícil de este mundo es dar un beso final a unos labios fríos que no pueden responder con un beso. Lo más difícil de este mundo es decir adiós.

En el mundo que ha de venir, Juan dice que nunca se dirá «adiós».

Dígame: ¿Acaso no le dan ganas de ir a casa?

Las palabras más esperanzadoras de ese pasaje de Apocalipsis son las que expresan el propósito de Dios: «¡Yo lo hago todo nuevo!»

Es difícil ver cómo las cosas envejecen. La ciudad en la que crecí está envejeciendo. Hace poco estuve allí. Algunos de los edificios están cerrados con tablas. Algunas de las casas han sido derribadas. Algunas de mis maestras están jubiladas; otras enterradas. El viejo cine donde llevaba a mis novias tiene un letrero que dice «Se vende» en la marquesina, habiendo quedado desplazado desde hace mucho por los multicines más nuevos que le brindan ocho posibilidades. Los únicos que visitan el autocine son las matas rodantes y los roedores. Recuerdos de primeras citas y fiestas de graduación han sido deteriorados por la lluvia interminable de los años. Los que fueron novios desde la secundaria están divorciados. Una porrista murió de un aneurisma. Nuestro jugador de fútbol estelar está enterrado a pocos lotes del que ocupa mi padre.

Ojalá pudiera hacer que todo fuese nuevo otra vez. Ojalá pudiese quitarle el polvo a las calles. Ojalá pudiera recorrer el vecindario conocido, saludar con la mano los rostros familiares, acariciar a los perros conocidos y batear un jonrón en el parque de la Liga infantil. Ojalá pudiera caminar por la calle principal, llamar a los comerciantes que se han retirado y abrir las puertas que tienen tablas clavadas. Ojalá pudiera hacer que todo fuese nuevo... pero no puedo.

Mi madre sigue viviendo en la misma casa. Usted no podría obligarla a mudarse aunque le pagara. La casa que parecía ser tan grande cuando era niño ahora parece pequeña. En la pared hay fotos de mamá cuando era joven, su cabello color marrón otoñal, su rostro irresistiblemente hermoso. La veo ahora, todavía saludable, todavía vivaz, pero tiene arrugas, cabello canoso, paso más lento. Ojalá pudiese con el toque de la varita hacer que todo fuera nuevo otra vez. Ojalá pudiera hacer que la rodeasen otra vez los fuertes brazos del vaquero de las tierras altas que ella amó y enterró. Ojalá pudiera estirar las arrugas, quitarle los bifocales y restaurar su paso vivo. Ojalá pudiera hacer que todo fuese nuevo... pero no puedo.

No puedo. Pero Dios puede. «Él restaura mi alma»,[2] escribió el pastor. Él no reforma; restaura. No disfraza lo viejo; restaura a nuevo. El Maestro Constructor sacará el plano original y lo restaurará. Restaurará el vigor. Restaurará la energía. Restaurará la esperanza. Restaurará el alma.

Cuando usted ve cómo este mundo se vuelve cada vez más encorvado y cansado y luego lee acerca de un hogar

2 Salmo 23.3, Biblia de las Américas.

donde todo es hecho nuevo, dígame: ¿Acaso no le dan ganas de ir a casa?

¿Qué daría usted a cambio de un hogar como ese? ¿De veras preferiría contar con unas pocas posesiones en la tierra que tener posesiones eternas en el cielo? ¿Realmente escogería una vida de esclavitud a las pasiones en lugar de una vida de libertad? ¿Sinceramente tiraría por la borda todas sus mansiones celestiales por un motel cuestionable de segunda categoría en la tierra?

«Es grande», dijo Jesús, «su recompensa en el cielo». Debe haber sonreído al decir esa frase. Sus ojos deben haber danzado, y su mano debe haber señalado en dirección al cielo.

Pues Él debía saberlo. Era su idea. Era su hogar.

Pronto estaré en casa. Mi avión se acerca a San Antonio. Puedo sentir cómo desciende la punta del avión. Puedo ver cómo se preparan las azafatas. Denalyn está en algún lugar del estacionamiento, guardando el auto y apurando el paso de las niñas en dirección a la terminal.

Pronto estaré en casa. El avión aterrizará. Bajaré por esa rampa, escucharé mi nombre y veré sus rostros. Pronto estaré en casa.

Usted también, pronto estará en casa. Tal vez no lo haya notado, pero está más cerca de casa de lo que jamás haya estado. Cada momento es un paso dado. Cada aliento es una página que se da vuelta. Cada día es un kilómetro registrado, una montaña escalada. Usted está más cerca de casa de lo que jamás haya estado.

Cuando quiera darse cuenta, será la hora programada de llegada; descenderá por la rampa y entrará a la Ciudad. Verá los rostros que lo están esperando. Escuchará su nombre pronunciado por aquellos que lo aman. Y, hasta es posible, sólo posible que —en el fondo, detrás de las multitudes— Aquel que preferiría morir antes que vivir sin usted levante sus manos traspasadas de entre los dobleces de su túnica celestial y... aplauda.

GUÍA DE ESTUDIO

ENCUENTRO CON CRISTO EN LA MONTAÑA

Este libro no es un fin en sí mismo.

Si cumple con su cometido, lo guiará hacia su propio encuentro con Cristo en la montaña. Y la siguiente guía tiene el propósito de ayudarlo a establecer esa relación entre la lectura del libro y un encuentro con Cristo.

Este es, entonces, no tanto un estudio de un libro sino un estudio del mensaje de Cristo y un catalizador que ayude al libro a comunicar su mensaje al centro de su vida. No recorre capítulo por capítulo, sino bienaventuranza por bienaventuranza, usando las enseñanzas de los capítulos como puntos de partida para su propio estudio y meditación.

Aquí hay diez «sesiones» de estudio. Si se reúne en grupo, tal vez quiera intentar estudiar uno por semana. (Una llamada para los líderes de grupo: ya que algunas de las preguntas de la guía son muy personales, siempre debiera ser optativo transmitir a otros las respuestas.) Si está estudiando por su cuenta, establezca el ritmo a seguir, tomándose el tiempo necesario para que cada bienaventuranza pueda operar de modo transformador en su actitud y carácter.

Sugiero que, a cada encuentro, traiga su Biblia y una libreta donde pueda anotar sus propios pensamientos y observaciones. Más importante aún, traiga un espíritu de oración y una actitud de expectativa. Y cuando venga, prepárese para ser sorprendido por el deleite sagrado del encuentro con Cristo en la montaña.

_____ **SESIÓN 1** _____
(capítulos 1 y 2)

Cuando vio a las multitudes,
subió a la ladera de una montaña y se sentó[...]
y Él comenzó a enseñarles diciendo: «Dichosos».

1. Describa el momento más feliz que pueda recordar. Anote algunas de las circunstancias que rodearon ese momento: quién participó, cuándo sucedió, cuánto duró su felicidad. Ahora, recuerde la ocasión más desdichada de su vida. ¿Qué era lo que sucedía entonces? ¿Cómo han contribuido las circunstancias de su vida a su felicidad o desdicha?

2. ¿Cuál es la diferencia entre «escoger ser alegre», como lo describe Beverly Sills, y presentar una fachada alegre para cubrir o negar la desdicha? ¿En cuáles circunstancias, si es que las hay, «escoger ser alegre» constituiría una decisión negativa?

3. Los siguientes pasajes del Antiguo Testamento revelan algunas de las ideas sobre la felicidad que habían escuchado al crecer los que oían a Jesús. ¿Cómo describe cada pasaje a una persona feliz (bienaventurada)?

- Salmo 1.1-6

- Salmo 2.10-12

- Salmo 32.1-2, 5-7, 10-11

- Salmo 41.1-3

- Salmo 84.4-5, 11-12

- Salmo 94.12-13

- Salmo 112.1-9

- Proverbios 8.1-2, 32-36 (nótese quién «habla»)

4. El capítulo 1 establece que el vocablo griego que utilizó Jesús para «dichosos» en las Bienaventuranzas (*makarios*) es el mismo

que utiliza Pablo para describir a Dios. Fue utilizado en otros escritos antiguos para describir el «estado feliz de los dioses por encima de los sufrimientos terrenales» y para indicar «una felicidad trascendental de la vida más allá de las preocupaciones, el trabajo y la muerte» (*Theological Dictionary of the New Testament* [Diccionario teológico del Nuevo Testamento], 4:362). El hecho de que Jesús haya usado esta palabra poderosa, ¿qué nos dice acerca del tipo de felicidad que Él está prometiendo?

5. Lea Mateo 4.23-25. ¿Cuáles acontecimientos en el ministerio de Jesús precedieron su subida a la montaña? ¿Cuál cree que haya sido el significado de este orden de hechos? ¿Por qué subió Jesús a la montaña con sus discípulos en este momento en particular?

6. ¿Cuáles son los mejores momentos y lugares para que usted «suba a la montaña»? ¿Cuáles actividades y responsabilidades tienden a impedir que usted logre llegar allí?

7. El capítulo 1 declara que «sólo hay una decisión que se interpone entre usted y el gozo». El capítulo 2 dice que «sólo hay una decisión que los separa de la montaña». Específicamente, ¿cuál es esa decisión?

_____ SESIÓN 2 _____
(capítulos 3 y 4)

«*Dichosos los pobres en espíritu,*
porque el reino de los cielos es de ellos».

1. ¿Cómo interpreta el capítulo 3 la cuestión de ser «pobre en espíritu»? ¿Cómo se compara esto con cualquier idea previa que haya tenido con respecto al significado de esta bienaventuranza?

2. La versión de Lucas de esta bienaventuranza (que se encuentra en Lucas 6.20, 24) omite totalmente la idea de «en espíritu»; declara sencillamente que «los ricos» han recibido su bienestar aquí y que por lo tanto no pueden esperar una recompensa en el

cielo. Y Jesús le dice directamente al joven dirigente rico que «es difícil para un rico entrar en el reino de los cielos» (Mateo 19.23-24). ¿Piensa usted que la primera bienaventuranza se refiere especialmente a aquellos que son pobres en cuanto a posesiones materiales? De no ser así, ¿por qué Mateo hace estos comentarios específicos acerca de la riqueza material? (Es posible que encuentre algunas ideas en las notas finales correspondientes a este capítulo.)

3.   Enumere tres motivos por los que ser pobre en espíritu como se describe en estos dos capítulos resulta difícil para la mayoría de nosotros. ¿Por qué nos cuesta tanto reconocer nuestra propia ineptitud y nuestras fallas, incluso ante Dios y ante nosotros mismos?

4.   Enumere lo que considera sus cinco puntos de mayor fortaleza y sus cinco debilidades mayores. Luego examine su lista a la luz del capítulo 3. ¿El ser pobre en espíritu significa negar sus puntos fuertes o no intentar mejorar sus debilidades? ¿Significa tener baja autoestima? ¿Por qué?

5.   ¿Es posible ser arrogante e inseguro al mismo tiempo? ¿Qué piensa usted que haya sido lo que motivó la autojustificación y los logros exagerados del joven dirigente rico?

6.   ¿Cuál es la diferencia entre intentar lograr la salvación e intentar agradar a Dios? ¿Entre ser pobre en espíritu y ser un pobre mayordomo de los dones que Dios le ha dado?

7.   Lea las siguientes parábolas que describen el «reino de los cielos»: Mateo 13.24-33, 44-50. ¿Cuáles son las revelaciones adicionales que brindan estas parábolas en cuanto a la naturaleza del «reino» en el que vivirán los pobres en espíritu?

8.   Lea Mateo 16.13-20, que relata las circunstancias en que fue cambiado el nombre de Pedro y le fueron dadas «las llaves del reino de los cielos». ¿Cuáles elementos de este relato señalan el hecho de que Pedro fuese pobre en espíritu? ¿Qué le cuenta este pasaje en cuanto a la naturaleza del reino?

9. ¿Qué tipo de cambio positivo le agradaría que hubiese en su vida? De acuerdo con estos dos capítulos, ¿cuál sería su mejor estrategia para lograr tal cambio?

SESIÓN 3
(capítulos 5 y 6)

> *«Dichosos los que lloran,*
> *porque recibirán consuelo».*

1. Después de leer estos dos capítulos, complete la oración: «Dichosos los que lloran por _____». ¿Acerca de qué tipo de pena específica hablan estos capítulos?

2. ¿Se le ocurren casos donde reconocer el fracaso podría convertirse en una evasión... una excusa para dejar de intentar? ¿Cuál es la diferencia (si es que la hay) entre «llorar» y rendirse al fracaso?

3. La mayoría de nuestras situaciones diarias no son tan dramáticas como las de Aníbal o Pedro; la naturaleza de vida o muerte de nuestras decisiones no resulta tan evidente. ¿Cómo podemos tener una mayor conciencia de nuestra necesidad de Jesús en situaciones que no son críticas?

4. Lea Oseas 7.14 y 2 Corintios 7.9-11. ¿Qué tipo de tristeza describen? ¿Está incluida en la bendición de Jesús en la segunda bienaventuranza?

5. ¿A qué tipo de cosas, gente o actividades (versiones adultas del abrazo, la «Curita», la linterna) tiende a recurrir usted buscando consuelo? ¿Dan resultado? Según su opinión, ¿hay algo inherentemente malo en tales «amuletos de seguridad»?

6. Hablando de manera práctica, ¿qué sensación produce el consuelo de Dios? ¿Qué forma adopta y cómo se nos presenta? ¿Alguna vez lo ha sentido? (Para tener alguna idea véanse Génesis

5.29, 24.67; 1 Crónicas 7.22; Job 6.10; Salmos 23.4; 71.21; 77; 119.50-52; 40.1-5; Isaías 52.70-9; 57.14-19; Juan 11.19; 15.15-22; 14.1-6; 2 Corintios 1.3-4; 7.6-7.)

7. ¿Por qué cree usted que tantos de nosotros llegamos a pensar que Dios no quiere escuchar de nuestros problemas o que se cansa de perdonarnos?

8. Léase 2 Corintios 1.3-4. ¿En cuáles circunstancias somos llamados a ser agentes de consuelo de Dios para aquellos que sufren?

9. Enumere tres formas en las que podemos consolar a otros en forma efectiva. ¿Cuáles son algunas de las tácticas que *no* dan resultado? Describa una situación en la cual no pudo brindar consuelo.

10. ¿Cuál es la relación entre «llorar» y ser pobre en espíritu? ¿En qué se parecen ambos? ¿En qué se diferencian?

SESIÓN 4
(capítulo 7 y 8)

«Dichosos los de corazón humilde,
porque heredarán la tierra».

1. ¿Cómo interpreta el capítulo 7 la palabra *humilde*? ¿Cómo se diferencia esa definición de sus ideas previas con respecto a la «humildad»?

2. ¿Se considera usted «común»? ¿Por qué? ¿Le resulta consoladora o insultante esa definición?

3. ¿Cuáles son algunos sinónimos de la palabra *humilde* según se usa en las Bienaventuranzas? Para obtener ideas, busque Números 12.3, Salmo 25.9, Isaías 11.4, 61.1, Mateo 11.29 y 1 Pedro 3.4 en cualquier versión.

4.   Hablando en forma práctica, ¿qué significa ser humilde en el sentido de permitir a Dios que lo use? Si no le habla a través de un ángel o una zarza ardiente, ¿cómo sabe usted lo que Él quiere que haga?

5.   En términos prácticos, ¿cómo evita tomar el control o «decirle a Dios cómo hacer su trabajo»... y aun así lograr algo?

6.   El capítulo 6 interpreta «heredar la tierra» como no dejarse intimidar ni asustar por ningún poder o persona terrenal. En su mente, ¿le satisface esta definición? ¿Se sentiría más cómodo si dijese: «Dichosos los de corazón humilde, porque de ellos es el reino de los cielos»? ¿Por qué cree que Jesús especificó «la tierra» en esta bienaventuranza?

7.   En el Salmo 37.11 (Versión Popular) también declara que los humildes heredarán la tierra. Léase Salmo 37.1-17 para comprender este versículo en su contexto. ¿Cuál es el mensaje del salmo? ¿Su orientación es básicamente similar a, o diferente de, la tercera bienaventuranza? ¿Cuál perspectiva nueva da el Salmo 37 a la declaración de Jesús?

8.   Describa un tiempo en su vida cuando permitió que el temor le impidiese hacer algo que usted sabía que debía hacer.

9.   De acuerdo con el capítulo 8, ¿cuáles son las tres maneras en que tratamos de enfrentarnos a nuestras dudas? ¿A cuál de ellas es más probable que recurra usted? (No se deje confundir por los ejemplos «más importantes»; estos mecanismos de defensa adoptan muchas formas... ¡de mayor y menor importancia!) Dé un ejemplo de alguna vez que haya buscado refugiarse en alguna de estas defensas.

10.   ¿Cuál fue la razón que dio Jesús a los discípulos para que no se asustaran? ¿Por qué podemos tomar esto como fuente de valor?

11.   ¿Qué haría mañana si tuviese la garantía de no poder fallar y de que nada pudiese lastimarlo? Anótelo y/o comunique un ejemplo.

SESIÓN 5
(capítulos 9 y 10)

> *«Dichosos los que tienen hambre y sed de justicia, porque serán saciados».*

1.   Un programa de computación de «cómo escribir novelas» que actualmente está a la venta inicia su instrucción con una pregunta: «¿Qué es lo que _____ quiere?» La idea es que todas las tramas (y por consiguiente, todas las historias) surgen de las necesidades y deseos básicos de las personas. Si usted estuviese escribiendo una novela acerca de sí mismo, cómo respondería a esa pregunta inicial? ¿Qué «hambre» y qué «sed» son los que más lo motivan?

2.   ¿Cómo interpreta el capítulo 9 la idea de la justicia? ¿Cuál sería su propia definición?

3.   Léase Mateo 23.27-28. ¿Qué aspecto de la actitud de los fariseos con respecto a la justicia hacía que Jesús se enojara tanto?

4.   Léase Romanos 3.10-31. ¿Qué nos dicen este pasaje y Mateo 23.27-28 con respecto a tratar de ser justos según nuestra propia opinión, jactándonos de nuestra justicia, o suponiendo que somos justos porque «observamos todas las reglas»? ¿Cómo se diferencian estas actitudes de tener «hambre y sed» de justicia?

5.   Según los capítulos 9 y 10 y Romanos 3.21-31, ¿cuál es la única manera que puede ser «saciada» nuestra «hambre y sed de justicia»?

6.   Según el capítulo 9, ¿cuál es la razón fundamental por la cual serán saciados aquellos que tienen hambre y sed de justicia?

7.   ¿Qué relación hay entre el hecho de tener «hambre y sed de justicia», «sostener las posesiones terrenales en palmas extendidas» y depender de Jesús para recibir gozo (capítulo 10)?

8.   El capítulo 10 insinúa que nuestra experiencia más plena de «saciedad» ocurrirá en el cielo. Pero, ¿llegamos alguna vez a experimentar tal satisfacción aquí en la tierra? De ser así, ¿cómo?

9.   Vuelva a repasar las tres primeras bienaventuranzas. ¿Qué tienen en común? ¿En qué se les parece la cuarta bienaventuranza? ¿En qué se diferencia?

————————— **SESIÓN 6** —————————
(capítulo 11)

«Dichosos los compasivos,
porque serán tratados con compasión».

1.   Según el capítulo 11, ¿qué es lo opuesto a la compasión?

2.   Lea Mateo 6.12 y 7.1-2. ¿Qué luz arrojan estos pasajes de más adelante en el Sermón del Monte acerca de la idea de que los misericordiosos sean tratados con compasión?

3.   ¿Es compasión sinónimo de perdón? ¿Por qué?

4.   ¿Por qué resulta tan difícil rendir los resentimientos? ¿Qué costo tiene para nosotros la compasión?

5.   ¿De qué maneras nos daña el resentimiento? Enumere tres efectos negativos específicos.

6.   Según el capítulo 12, ¿qué es lo que posibilita que seamos misericordiosos y perdonadores?

7.   Haga una lista de entre una y cinco cosas para hacer *en la próxima semana* ya sea para restituir daños que ha causado o para extender su perdón a aquellos que lo han lastimado. (Sea sincero consigo mismo. Si todavía siente que no puede perdonar a aquellos que lo han lastimado o aceptar el perdón de Dios por heridas que haya ocasionado, sencillamente escriba que orará pidiendo la capacidad para hacer estas cosas.)

SESIÓN 7
(capítulos 12 y 13)

«Dichosos los de corazón limpio,
porque ellos verán a Dios».

1.   ¿Será que la cuestión de que «lo que sale de nosotros» nos hace buenos o malos implica que lo que entra no tiene demasiada importancia? ¿Por qué?

2.   Busque 1 Reyes 18.26-28 y Hechos 22.3. ¿Equivale la pureza a sinceridad o buenas intenciones? ¿Puede una persona ser pura y estar equivocada a la misma vez?

3.   Busque 1 Pedro 1.22, 1 Timoteo 1.5-8 y Juan 8.31-32. ¿Cuáles principios determinan la pureza del corazón?

4.   Ahora retroceda y lea Mateo 22.34. Según este pasaje, ¿cuál es la llave para lograr la pureza del corazón?

5.   ¿Es siempre necesario esperar a tener «el interior limpio» para comenzar a actuar correctamente... y para ver a Dios? ¿Por qué?

6.   Busque Juan 14.5-14. ¿Qué dice Juan en cuanto a cómo llegamos a «ver a Dios»? ¿Qué perspectiva diferente da eso a la idea de ser puro de corazón?

7.   Según el capítulo 13, ¿cuál es la diferencia entre los «edificadores de templos» y «buscadores del Salvador»?

8.   Dé un ejemplo de alguna ocasión en la que usted, o alguien que conoce, se involucró tanto en un proyecto que olvidó por completo el objetivo principal del mismo. ¿Alguna vez se ha involucrado tanto en actividades de la iglesia o religiosas que perdió el contacto con Dios?

9.   ¿En qué momento de su vida ha tenido mayor conciencia de «ver a Dios»? ¿En qué momentos sólo lo ha podido «ver» al hacer

una retrospección? ¿Cuál es la diferencia entre «edificar templos» y los «tiempos de sequía» que experimenta todo cristiano?

10.   Si los «buscadores del Salvador» a menudo deben encontrar a Jesús «a pesar del» templo, ¿cuál es el propósito de la iglesia organizada? ¿Qué podemos hacer mejor en comunidad que como buscadores individuales no podemos lograr?

SESIÓN 8
(capítulos 14 y 15)

*«Dichosos los pacificadores,
porque serán llamados hijos de Dios».*

1.   ¿Cómo definiría la palabra paz según se la presenta en el capítulo 14? ¿En qué se diferencia este concepto de paz de otras ideas más comunes con respecto a la paz?

2.   El comentarista Dale Bruner escribe: «Casi podríamos traducir la palabra clave aquí, "pacificadores", usando la frase "creadores de plenitud"[...] El *shalom* bíblico transmite la imagen de un círculo; significa bienestar pleno en todo sentido y relación[...] Si pudiésemos traducir "dichosos los hacedores de círculos" y que tuviese sentido, lo haríamos. Ser pacificador, en las Escrituras, equivale a producir comunidad. Los pacificadores son reconciliadores» (*The Christbook*, p. 149). ¿Cómo encuadran con la definición de Bruner los ejemplos de pacificación dados en este capítulo?

3.   Lea por lo menos tres de las escrituras que siguen: Números 6.24-26, Salmo 29.11, Lucas 1.76-79, Juan 14.27, 16.33, Romanos 5.1, 1 Corintios 14.33, Gálatas 5.22, Efesios 2.14-17 y Filipenses 4.7. Según estos pasajes y el capítulo 14, ¿cuál es la fuente esencial de la paz?

4.   Lea Santiago 3.13-18. ¿Cuáles son algunas de las «condiciones» para pacificar? ¿Qué debe suceder dentro nuestro antes de poder ser pacificadores?

5.   Lea Mateo 10.34-39. ¿Existen ocasiones en las que para poder pacificar en un sentido más amplio resulta necesario aceptar conflicto en lugar de evitarlo? ¿Alguna vea involucra *iniciación* de conflicto? De ser posible, dé un ejemplo bíblico o contemporáneo.

6.   ¿Es suficiente que simplemente se siembren semillas de paz? ¿Existen maneras de poder nutrirlas y ayudarlas a crecer?

7.   La «búsqueda del poder» ¿es parte básica de la naturaleza humana? ¿Puede alguna vez ser una cosa positiva? ¿Cómo podemos evitarla?

8.   ¿Qué relación tienen el poder y la pacificación? ¿Es posible que alguna vez se utilice el poder al *servicio* de la pacificación? ¿Por qué?

9.   Anote los nombres de tres personas en su vida a los que les vendría bien una palabra o un acto de paz de parte suya. Junto al nombre de cada persona, escriba alguna idea de «semilla» de paz. Finalmente, anote una fecha y una hora específicas para sembrar su semilla y comprométase a cumplir ese plan. Si usted se reúne con un grupo, prepárese para contar a los demás cuál es su «semilla de paz» (no necesariamente los resultados) en la siguiente reunión. Si está solo, considere contar a algún amigo sus iniciativas de paz y pídale que sea su confidente para rendirle cuentas.

―――――――――――― SESIÓN 9 ――――――――――――
(capítulos 16 y 17)

> *«Dichosos los perseguidos*
> *por causa de la justicia,*
> *porque el reino de los cielos es de ellos».*

1.   Según el capítulo 16, ¿por qué envió Juan un mensaje a Jesús para preguntarle si en realidad era el Mesías?

2.   Mencione una situación en la que se ha sentido perseguido por hacer lo correcto. ¿Cuál fue el resultado de su experiencia?

3.   ¿Cuáles son algunas de las explicaciones que ha escuchado para ocasiones en las que Dios parece guardar silencio? ¿Cuáles explicaciones parecen satisfacerle más? ¿Cuáles no le satisfacen?

4.   ¿Van siempre juntas la persecución y «el silencio de Dios» o son dos cosas separadas? ¿Por qué piensa así?

5.   ¿Cuáles son algunas de las maneras (sutiles y declaradas) que son perseguidos los cristianos «por causa de la justicia»?

6.   Lea Proverbios 21.2 y Jeremías 17.9. ¿Qué sugieren estos pasajes en cuanto a cómo podemos interpretar las cosas malas que nos suceden? Si estamos en dificultades, ¿cómo podemos estar seguros de que nuestra persecución es «por causa de la justicia»... que estamos en dificultades por motivos justos?

7.   El capítulo 17 declara: «Dios nunca ha despreciado las preguntas de un buscador sincero». ¿Se siente cómodo con esta idea de cuestionar a Dios? ¿Por qué? Cuando llegue al cielo, ¿cuáles son algunas de las preguntas que quiere formularle?

8.   El libro de Job es otro relato bíblico de una persona que sufrió a causa del silencio aparente de Dios ante la injusticia. Cuando fue golpeado por una serie de aflicciones inmerecidas, él, también, cuestionó a Dios. Pero las preguntas de Job eran diferentes, al igual que las respuestas que recibió y el final de la historia.

- Lea Job 3.11-23, 7.20-21, 10.2-7, 13.20-24, 24.1-12. ¿Cuáles preguntas le hizo Job a Dios?

- Lea Job 38.1-21, 40.1-14 y 42.1-6. ¿Cuál fue la respuesta de Dios? ¿En qué se asemeja a la respuesta que dio Jesús a Juan? ¿En qué se diferencia?

9.   Anote las tres características del reino de Cristo que quedan implícitas en la respuesta dada por Jesús a Juan. ¿En qué formas ha visto usted la continuación de estas características en su tiempo?

10.   El capítulo 17 relaciona esta bienaventuranza con la primera, «Dichosos los pobres en espíritu», que también declara, «porque

el reino de los cielos es de ellos». ¿Por qué cree que fue repetida la frase? ¿Qué relación hay entre ser pobre en espíritu y ser perseguido por causa de la justicia?

11.   Lea el conocido modelo de oración de Jesús citado en Mateo 6.9-13. Según su opinión, ¿cómo se relacionan las instrucciones de Jesús en cuanto a cómo orar con la forma que respondemos a la persecución y la duda?

SESIÓN 10
(capítulo 18)

*«Alégrense y estén contentos,
porque es grande su recompensa...»*

1.   Según el capítulo 18, ¿cuál es el gozo final prometido a los que siguen a Jesús?

2.   Describa el regreso al hogar más feliz que haya experimentado jamás. ¿Quién estaba allí? ¿Por qué estaba usted (o algún otro) regresando a casa? ¿Dónde había estado (usted o el que regresaba)? ¿Por qué le resultó, esta experiencia en particular, tan alegre?

3.   Según el capítulo 18, ¿cuáles imágenes bíblicas usa el libro de Apocalipsis para describir nuestra «patria»? ¿Qué nos dicen ellas acerca de nuestro futuro con Cristo?

4.   ¿Qué tipos de experiencias (personales o de segunda mano) de este mundo le dan «ganas de ir a casa» a un mundo hecho nuevo? ¿Cómo se imagina su hogar celestial?

5.   ¿Qué nos dicen las Bienaventuranzas acerca de cómo recibir «el aplauso del cielo» estando aún en tierra?

6.   Lea la versión de Lucas de las Bienaventuranzas según aparecen en Lucas 6.20-26. ¿En qué se diferencian ambas versiones?

¿En qué concuerdan? ¿Cuál perspectiva diferente da el relato de Lucas al cuadro de deleite sagrado presentado por Jesús?

7.   La mayoría de nosotros tiende a pensar en las Bienaventuranzas como declaraciones de causa y efecto: Si usted se vuelve pobre en espíritu, *entonces* —como resultado— el reino de los cielos será suyo. Si usted llora por sus pecados, *entonces* será consolado. Por lo tanto hay una tendencia a considerarlos como *requisitos*... «reglas de vida» que son casi imposibles de cumplir. Para poder lograr una perspectiva diferente, concluya este estudio girando un poco la idea de «causa y efecto». Considere *todas* las bienaventuranzas como *efectos*: descripciones de lo que sucede cuando aceptamos a Cristo. Si mira cada una de ellas de esta manera, las dos partes de cada bienaventuranza pueden ser vistas como dos etapas o dimensiones: el efecto inmediato, terrenal y el efecto final o espiritual. Con esto en mente, complete la planilla de la página que sigue para cada bienaventuranza, usando los capítulos de este libro como fuente de información. La primera ha sido completada a continuación para brindarle un ejemplo.

BIENAVENTU-RANZA	CAUSA	RESULTADO	RESULTADO FINAL
Dichosos los pobres en espíritu, porque el reino de los cielos es de ellos.	Respondemos sinceramente a la realidad de quién es Cristo y quiénes somos nosotros...	... nos volvemos agudamente conscientes de nuestras fallas; nos volvemos pobres en espíritu.	... nos convertimos en ciudadanos del reino celestial de Cristo; recibimos un nombre y una identidad nuevos.

BIENAVENTU-RANZA	CAUSA	RESULTADO	RESULTADO FINAL
Dichosos los que lloran, porque recibirán consuelo.	Respondemos sinceramente a la realidad de quién es Cristo y quiénes somos nosotros...		
Dichosos los de corazón humilde, porque heredarán la tierra.	Respondemos sinceramente a la realidad de quién es Cristo y quiénes somos nosotros...		
Dichosos los que tienen hambre y sed de justicia, porque serán saciados.	Respondemos sinceramente a la realidad de quién es Cristo y quiénes somos nosotros...		
Dichosos los compasivos, porque serán tratados con compasión.	Respondemos sinceramente a la realidad de quién es Cristo y quiénes somos nosotros...		
Dichosos los de corazón limpio, porque ellos verán a Dios.	Respondemos sinceramente a la realidad de quién es Cristo y quiénes somos nosotros...		
Dichosos los pacificadores, porque serán llamados hijos de Dios.	Respondemos sinceramente a la realidad de quién es Cristo y quiénes somos nosotros...		
Dichosos los perseguidos por causa de la justicia, porque el reino de los cielos es de ellos.	Respondemos sinceramente a la realidad de quién es Cristo y quiénes somos nosotros...